礫川全次
Koishikawa
Zenji

雑学の冒険

国会図書館にない 100冊の本

批評社

例言

- 本書は、「国会図書館にない本」を100冊選び、その各冊について、それがどういう本か、なぜ国会図書館にないのか、などについて考察したものです。
- 各冊の紹介は、極力、簡潔を心がけました。表紙・扉などは、その本の個性をよく表現していますので、全冊について、図像を掲げました。
- 100冊は、基本的に、礫川が架蔵しているものから選びました。選択の偏向は、蔵書の偏向ということで、ご諒承ください。
- 記述の適否についてのご指摘、100冊の内容などについてのお問い合わせ等を歓迎します。
- 「雑学」に徹しようとした本ですが、それに徹することの中で、見えてきたこともあり、そうしたことに、かなり筆を費やしてしまいました。ご意見などいただければさいわいです。

まえがき

昨年（二〇一五年）一〇月に、『独学の冒険』を出していただいてから、まだ一年も経っていませんが、今回、『雑学の冒険』という本を出していただくことになりました。しかも、この間、礫川は、『在野学の冒険』（本年五月刊）という論集にも、参加させていただいています。

ここに、『独学の冒険』、『在野学の冒険』、『雑学の冒険』という三冊が揃ったわけですが、まず、この三冊の関係について、ご説明しておきたいと思います。

『独学の冒険』は、独学に励んでおられる方々、あるいは独学を目指しておられる方々に向けて書いた本です。

この本をまとめながら、「独学」と「在野学」との関係ということを考えはじめました。独学者は、多くの場合、「在野」の学者ですが、「独学者」イコール「在野学者」とは限りません。また、「独学」イコール「在野学」というわけでもありません。

「在野学」とは何かという問題について、それを論じるにふさわしい方々に執筆していただいたのが、論集『在野学の冒険』です。「在野学」という言葉は、まだ十分に定着した言葉ではありません。しかし、同書に寄せられた論考を踏まえますと、「在野学」という言葉は、①「在野」の学者がなしとげた研究成果、②「在野の世界」（在野の知的空間）を対象とした研究、③「在野精神」に富んだ研究者による研究、これら三様のものの総称として、理解できるような気がします。

「在野学」と「雑学」との関係ですが、在野学を、もし上記②のように捉えた場合には、雑学と称するもののほとんどは、在野学に包摂されることになるでしょう。

さて、今回の『雑学の冒険——国会図書館にない100冊の本』ですが、もともとは、『独学の冒険』の第六章「独学者にすすめる百冊の本」のために、一〇〇冊の本を選んでいたときに思いついたアイデアです。ちなみに、「独学者にすすめる百冊の本」には、今回、「国会図書館にない100冊の本」として選んだ本が、六冊、入っています。

「国会図書館にない本」というのは、まさに種々雑多であって、それを列挙すること自体が「雑学」です。また、個々の本について解説してゆくことは、「雑学」という際限のない世界に迷い込むことでした。その一方、「国会図書館にない本」という「雑学」に徹することで、今回、はじめて見えてきたものもありました。これについては、本書第四章をご参照ください。

この本を書いているうちに、「雑学は、雑学の外に虚像をもつかぎりは、雑学でしかない」という言葉が思い浮かびました。言うまでもなく、吉本隆明の言葉「井の中の蛙は、井の外に虚像をもつかぎりは、井の中にあるが、……」（『日本のナショナリズム』一九六五）のモジリです。

今回、『雑学の冒険』というタイトルに甘え、雑学の外に「虚像」を持とうとしたことがあったかもしれません。先ほどの言葉を復唱し、戒めとしたいと思います。

二〇一六年四月三〇日

礫川全次

雑学の冒険

——国会図書館にない１００冊の本

目次

第三章 国会図書館にない100冊の本を紹介する

Q&A——なぜ、国会図書館にない本を問題にするのか

本書は、これまでにない角度から、「書物」について語り、「国会図書館」について論じています。そこで、あらかじめ、読者諸氏から発せられるかもしれないご質問を想定し、それにお答えしておくことにしました。いわば、Q&Aのかたちをとった導入篇です。

Q1・なぜ、国会図書館にない本を問題にしたのですか。

A1・多くの方は、国会図書館には、日本国内で発行されてきた、あらゆる本が揃っていると思われていることでしょう。しかし、現実には、国会図書館にない本もたくさんあります。まず、そのことを知っていただきたいと思いました。

Q2・国会図書館に、あらゆる本が揃っているとは思いませんが、文献として貴重な本や、学

問研究の上で必要な基礎的文献、専門書などは、だいたい揃っているのではありませんか。

A2・たしかに、その通りです。しかし、これには、少し補足が必要です。

一口に学問研究といっても、さまざまな分野があり、さまざまな角度からのアプローチがありえます。そして、プロ・アマを問わず、少しツっこんだ研究しようと思いますと、往々にして、国会図書館の蔵書では間に合わないという事態にぶつかるものです。

本書の第三章でも指摘しましたが、国会図書館には、柳田國男著、早川孝太郎編集の**『女性と民間伝承』**〔23〕(岡書院、一九三二)が架蔵されていません。この本を読むためには、国会図書館以外の図書館を探して、そちらに赴かなければなりません。この場合、できれば、この岡書院版と、戦後、柳田が再編集した実業之日本社版(一九四九)の両方を架蔵している図書館を探したほうがよいのですが、その理由については、第三章をご参照ください。いずれにしても、こうしたことは、在野の研究者にとっては、大きな負担をともなうことです。

もうひとつ、例を挙げましょう。戦前、「支那通」で知られた後藤朝太郎という言語学者がいました。私は今年(二〇一六年)になって、この後藤朝太郎が、敗戦直前の一九四五(昭和二〇)年八月九日の夜八時半、都立高校駅(現在の都立大学駅)踏切で、「轢死を装い暗殺」されたという事実を知って、衝撃を受けました。

これを私は、国会図書館で閲覧した論文で知りました。劉家鑫《りゅうかきん》さんの「『支那通』後藤朝太郎の中国認識」という論文です(『環日本海研究年報』第四号、一九九七年三月、所載)。ところが劉さんは、この暗殺説の出どころを明記していません。しかし、その出どころは、おそらく、劉さん自身の論文、一九九八年一月に発表された「後藤朝太郎・長野朗子孫訪問記および著作目録」なのであろうという検討がつきました。

そこまではよかったのですが、その論文が載っている雑誌『環日本海論叢』第一四号が、国会図書館には架蔵されていないことを知ったときはガッカリしました。この論文は、実は、いまだに読めないままでいます。

同じような例が、いくらでもあるわけです。国会図書館は、アマ・プロを問わず、研究者にとって強い味方ですが、その蔵書は、決して万全なものではありません。

Q3・国会図書館の蔵書を万全なものにせよ、という趣旨ですか。

A3・いや、そうではありません。国会図書館の蔵書を万全なものにするなどというのは、とうてい、不可能なことです。

申し上げたいのは、こういうことです。国会図書館の蔵書が、広大な知的空間を形成しているのは事実ですが、その知的空間の中で、少しツッこんだ研究しようとしたり、気になっていた疑問を解消しようとしたりすると、必ず、壁にぶちあたります。国会図書館の蔵書が形成している知的空間というのは、固有のクセ、特有の歪みを持った空間であって、それゆえに一定の限界を持っています。「国会図書館にない本」を指摘することは、そうした限界を指摘することになると考えます。

Q4・国会図書館という知的空間のクセや歪みをよく認識した上で、その蔵書を利用すべきだという趣旨ですか。

A4・その通りです。特に、昭和前期（戦前・戦中）の蔵書を利用するときは、そうした注意が不可欠だと思います。

それから、たぶん、今のことと重なるのと思うのですが、この世の中には、国会図書館が形成しているようなアカデミックな知的空間とは別の、ある種の知的空間が存在しています。このことも、本書が指摘したかったところです。

そうした知的空間を、仮に「在野の知的空間」と呼んでおくことにしましょう。かつて、評論家の佐藤忠男さんは、「残念ながら図書館には下らない本が置いてない」という名言を吐かれましたが、そうした「下らない本」の世界も、この「在野の知的空間」の一部と言えるでしょう。そのほか、在野の研究者がこだわっている特殊研究、サブカルチャーの世界、「趣味」の世界、「怪しい本」の世界、「あぶない本」の世界などは、すべて、この「在野の知的空間」に含まれると考えています。

念のために申し上げておきますが、ここで、「下らない」、「怪しい」、「あぶない」などというのは、価値が低いとか、価値がないといった意味ではありません。「下らない本」、「怪しい本」、「あぶない本」などの世界も、ひとつの「知的空間」を形成しているという捉え方が大切だと思います。

Q5・アカデミックな知的空間と、在野の知的空間とは、対立する関係にあるのでしょうか。

A5・対照的な関係にあると言うことはできますが、対立しているわけではありません。

よく知られていますように、柳田國男は、最初の単行本『後狩詞記《のちのかりことばのき》』を、自費出版の形で出版しています。一九〇九年（明治四二）三月一一日発行、七〇ページの小冊子で、非売品扱い、発行部数は、わずかに五〇部でした。この本は、日向《ひゅうが》の椎葉村《しいばそん》に伝わる狩猟伝承をまとめたもので、柳田みずから「随分風変りの珍書」と認めているわけですが（同書一〇ページ）、かなり特殊な研究であり、かなり趣味的な本です。

ところが、のちには、この本が、日本における「民俗学」という学問の原点として捉えられることになります。椎葉村の狩猟伝承という「在野の知的空間」が、日本における民俗学という学問の誕生をうながし、その学問はやがて、「アカデミックな知的空間」の一画を占めるようになりました。

この一事からも明らかなように、アカデミックな知的空間と、在野の知的空間とは、相互に重なりあう関係にあります。決して、対立しているわけではありません。ちなみに、柳田國男の『後狩詞記』は、今日、国会図書館に架蔵されています。柳田が帝国図書館に、この本を寄贈したからです。国会図書館のデジタルコレクションで、同書を閲覧しますと、表紙に「献　帝国図

書館　柳田國男」という柳田の署名、「柳田國男寄贈本」という角印、「明治四二・五・一七」という丸印を確認することができます。

また、明治末期から大正期にかけて、大阪市の立川《たつかわ》文明堂から発行されていた立川《たつかわ》文庫は、典型的な大衆小説ですが、そのうちのかなりの点数が、今日、国会図書館に架蔵されています。これは、「書き講談」と呼ばれるもので、講談調で書かれた小説ですが、明治期には、実際の落語や講談を速記し、そのまま本にした速記本も、たくさん出版されています。こうした速記本もまた、国会図書館には、数多く架蔵されています。いずれも、在野の知的空間に属するものです。

つまり、今日の国会図書館という空間では、アカデミックな知的空間と在野の知的空間とが、間違いなく「共存」しています。少なくとも、対立はしていません。

Q6・「在野学」という言葉がありますが、これと「在野の知的空間」との関係は、どうなるのでしょうか。

A6・在野学という言葉は、まだ十分に定着した言葉ではありませんが、「在野」において、つまり「アカデミズムの世界の外」で、研究を続けている研究者の学問やその研究成果を指す言葉だと言ってよいでしょう。

最初に私が「在野学」という言葉を意識したのは、山本義隆さんの「十六世紀文化革命」という文章（『論座』二〇〇五年五月号所載）を読んだときでした。これは、二〇〇四年二月に、横浜市開港記念会館でおこなわれた講演の記録だそうですが、ここで山本さんは、近代の科学というものは、十六世紀に、在野の職人が、みずからが獲得した「知」を、日ごろ使っている「俗語」で記録したことに始まる、と指摘されています。

たとえば、当時の医者は、外科のような手を汚す仕事はやらず、手術をする、包帯を巻くといった仕事は、理髪師あがりの外科職人がやっていました。そのほかの職業においても、当然、同様のことがあったわけです。そして、そういう職人、技術者、船乗り、軍人、外科医（外科職人）といった人たちが、自分の仕事で行き当たった諸問題を、自分の頭で科学的に考察し、それを学術用語のラテン語ではなく、ドイツ語、フランス語、英語といった「俗語」で本に書きはじめます。――これが、十六世紀に起った大きな変化であり、これが近代の科学を生み出したということを、山本義隆さんは指摘されたのです。たいへん重要な指摘です。

この職人たちの学問が、まさに「在野学」です。ちなみに、この「十六世紀文化革命」の存在を指摘された山本義隆さんは、世界でも有数の「在野」の物理学者です。

さて、「在野学」といった場合、研究者が「アカデミズムの世界の外」に位置していること、その研究成果がアカデミズムもこれを認めざるをえないものであること、といったニュアンスが伴います。しかし私は、「在野学」という言葉は、これとは別の意味で用いてもよいのではないかと考えています。「在野学」という言葉を、アカデミズムが注目しない、「在野の知的空間」を対象とするような学問という意味で用いることも許されるのではないか、という意味です。

たとえば、柳田國男は、高級官僚の出身で、その意識や言動には官僚的なところもあったようですが、その学問的な立ち位置は、終始一貫して「在野」でした。同時に、その関心領域は、狩猟伝承、妖怪譚、山人譚、民間信仰、諺など、「在野の知的空間」に属するものばかりでした。柳田國男は、その立ち位置から言って「在野学者」と呼べるわけですが、私としてはむしろ、その関心領域が「在野の知的空間」であったという意味で、「在野学者」と呼ぶべきではないか、と考えているわけです。

Q7・今回の100冊は、どのようにして選んだのでしょうか。

A7・基本的に、自分が持っていた本の中から選びました。**『かたわ娘』**〔1〕と**『女性と民間伝承』**〔23〕以外は、すべて礫川の蔵書です。この本を書いている間に掘り出した本、古書店から取り寄せた本が、それぞれ一冊あります。

Q8・今回の100冊を選ぶ際に、おもしろそうな本を選ぼうということを意識しましたか。

A8・最初は、なるべく、おもしろい本を選ぼうと思っていました。これは、やってみてわかったことですが、国会図書館にない本を100冊探すというのは、そう簡単なことではありませんでした。何とか、130冊ぐらい探し出しましたが、ほとんどそれで精一杯で、おもしろい本を選ぼうなどという余裕は、とても、ありませんでした。

しかし、その130冊のすべてが、私にとっては、おもしろかったのです。130冊から、おもしろくない30冊をはずしたというわけではありません。130冊のすべてがおもしろかったところを、あえて100冊に絞ったのです。

ただし、読者が（若い読者の方が）、これらの本を「おもしろい」と感じてくれるかどうかは心配です。

Q9・「国会図書館にはない本」に、何か共通する特徴のようなものがありますか。

A9・あるような気がします。一口に言えば、「自己主張」が強いということでしょうか。これは、実物を見ていただかないと理解していただけないかもしれませんが、今回集めた130冊は、そのどの一冊も、オーラのようなものを発しています。どの一冊からも、著者あるいは関係者が、その本に賭けた情念のようなものが伝わってきました。まず、それを感じたのが、装丁です。今回、あらためて装丁の大切さを知りました。また、手触り、紙質、版面、活字などからも、そういったものが伝わってきました。

Q10・この本のタイトルを、『雑学の冒険』としたのは、どうしてですか。

A10・本書、特に第三章を見ていただくとわかりますが、本書は基本的に、「国会図書館にはない１００冊の本」を素材にした「雑学」です。１００冊の本それぞれから、無数の「雑学」を引き出すことができます。

これを、あえて『雑学の冒険』としたのは、ひとつには、雑学というものも、その世界に沈潜し続けていると、ある瞬間に、何か、思いもかけないものが見えてくるということがあるからです。たとえば、**『マッチパズル・テキスト』**〈40〉という小冊子があります。いつ入手したのか、まったく記憶がありません。また、いつごろに発行されたものなのかもハッキリしません。よくわからない本ですが、しかし、調べているうちに、いろいろなことがわかってきました。そして、これが、戦中期のものであると気づいた瞬間、表紙のデザインの意味が理解できました。

また、ここ数か月、「国会図書館にない本」という雑学に沈潜していましたが、その結果、国会図書館を頂点とする日本の「知」の在りかたに、改良すべき問題点が、多々あることに気づいてきました。この本を書き始めたときは、まさか、国会図書館・公共図書館・大学図書館を中心とする「デジタル化資料送信ネットワーク」を展望することになるとは、予想すらしませんでした（第四章を、ご参照ください）。

そういうわけで、『雑学の冒険』というタイトルは気に入っていますし、看板に、それほどの偽りはないだろうと考えているわけです。

第一章

たとえば、どんな本が国会図書館にはないのか

1　世に数冊しかない本

福沢諭吉に『ひゞのおしへ』という本があります。「本」といっても、刊本ではありません。福沢諭吉が、一八七一年（明治四）、子息の一太郎と捨次郎に与えた、手作り、手書きの本です。兄弟それぞれに与えましたので、ほぼ同じものが二冊あります。しかし、それ以外にはありません。

この本には、「父母のいきしにはごつどの心にあり」〔父母の生き死にはGODの心にあり〕という一節があります。福沢諭吉の思想あるいは宗教観を理解する上で、重要な文献とされています。

大分県中津の福沢諭吉旧居・福沢記念館に、この本が展示されているのを見た記憶がありますが、あるいは、複製が展示されていたのかもしれません。その原本が、今、どこに保管されているかを把握していませんが、少なくとも、その場所は、国会図書館ではありません。つまり、この福沢諭吉手作りの本は、「国会図書館にない本」ということになります。

二年前の夏、私は、神田神保町の某古書店で、『廣芝五十句』という俳句集を買い求めました。冒頭に、「廣芝五十句／昭和二十三年四月編」とあります。「廣芝」という俳号を持つ人の俳句集です。その第二九句は、次の通りでした。

空梅雨《からつゆ》や巷《ちまた》に絶へし馬犬など

「馬犬」は「うまいぬ」と読むのだと思います（字余りになりますが）。そして、この句に、以下のような自注がありました。

昭和二十一年六月、生きて還つた祖国はたゞたゞ焦土と化してわれわれ引揚者《ひきあげしゃ》の想像を絶するものがあつた。未だ定まつた職もなかつたがとに角《かく》起ち上らなければならないと考へてゐた。

なかなか味わい深い句集だと思いました。ただし、これは、刊本ではありません。全ページ、万年筆の細字で書かれた自筆句集で、しかも未完成に終わった句集のようでした。おそらく、この世に一冊しかない本だと思います。その一冊を私が持っているわけですから、国会図書館にあるはずはありません。

福沢諭吉の『ひゞのおしへ』、廣芝の『廣芝五十句』に限らず、この世に一冊ないし数冊しかない手書き本、手作り絵本、回覧雑誌といったものは、それこそ無数に存在します。そして、これらが国会図書館に納本され保存されるケースは、ほとんど皆無といってよいのです。

2　新版か偽版か

手塚貞彦輯《しゅう》『人相指南秘訣集』（風祥堂、一八九三）という本があります。この本は、今日、国会図書館に架蔵されていません。しかし、この本と、内容が全く変わらない本があって、こちらのほうは、国会図書館に架蔵されています。手塚貞彦輯『墨色手筋　人相独稽古《ひとりげいこ》　一名指南秘訣集』の上下巻（松田文書堂、一八八三）です。

『墨色手筋　人相独稽古　一名指南秘訣集』上下巻は、「東京書林　松田文書堂」から発行されています。発行人は、「（東京市）京橋区南伝馬町一丁目拾番地　松田幸助」となっています。一方、『人相指南秘訣集』は、「京都書肆　風祥堂」から発行されています。発行兼印刷者は、「京都市上《かみ》京《ぎょう》区富小路《とみのこうじ》通三条北へ入福長町《いるふくながちょう》廿八番戸《ばんこ》　中村浅吉」です。

京都の中村浅吉さんは、東京の松田幸助さんから許可を得て、この本の「新版」を出したのでしょうか。それとも、松田幸助さんに断らずに、勝手に複製をおこなったのでしょうか。わざわざ、タイトルを変えているところなどからみて、どうも後者だったように思えます。そうだとすれば、風祥堂版は、「偽版」ということになります。

風祥堂の『人相指南秘訣集』が、今日、国会図書館に架蔵されていない理由は、ふた通り考えられます。ひとつは、この本が「偽版」であった場合です。京都の中村浅吉さんは、当局にこの本の出版を届けなかった、などのことがあったのではないでしょうか。ただし私は、この当時の「出版届」のシステムを、しっかり理解しているわけではありません。

もうひとつ、この本が「新版」であった場合ですが、この場合、すでに『墨色手筋　人相独稽古一名指南秘訣集』があるからという理由で、当時の納本図書館が、新版の収蔵を認めなかった可能性があります。ちなみに、この当時の納本図書館は、帝国図書館の前身、「東京図書館」（一八八〇～一八九七）でした。

3　「書き講談」と「新講談」

講談社の旧社名が「大日本雄弁会講談社」だったという話は、よく知られています。発足時の社名は「大日本雄弁会」で、一九一一年（明治四四）に雑誌『講談倶楽部』を創刊した際に、「大日本雄弁会」と「講談社」という二つの社名を併用することになりました。この『講談倶楽部』は、講談師の口演（講演）速記を連載する雑誌でした。講談社の原点は、文字通り「講談」にあったのです。

講談社の名前で、最初に本が出されたのは、一九一三年（大正二）二月のことで、その本は、細川風谷《ふうこく》口演『由井正雪《しょうせつ》』と、松林伯知《しょうりんはくち》口演『お妻八郎兵衛《はちろべえ》』だったとされています。細川風谷（一八六七～一九一九）、松林伯知（一八五六～一九三二）とともに、当時、有名な講談師でした。言うまでもなく、これらは講談師の口演を速記した本でした。

さて、この二冊は、講談社にとって記念すべき本ですが、なぜか今日、国会図書館に架蔵されていません。その事情は不明ですが、一番ありうるのは、すでに同様の本が出版されていて、収蔵の対象とされなかったというケースでしょう。国会図書館のデータを見ますと、これに遡ること三年、一九一〇年(明治四三)七月に、松林伯知講演『お妻八郎兵衛』が、同年八月には、細川風谷講演『ポケット講談　由井正雪』が刊行されています。発行所は、どちらも、東京市京橋区出雲町の新橋堂および東京市日本橋区榑正町《くれまさちょう》の服部書店でした(どちらも、二社による発行ということです)。

このように、「講談」とは切っても切れない関係にあった講談社ですが、一九一三年(大正二)に、雑誌『講談倶楽部』が、「浪曲」特集を出したことから、講談師および速記者が講談社に抗議し、講談師・速記者と講談社との関係が悪化します。『国定忠治・猿飛佐助・鞍馬天狗』(三一新書、一九六四)の著者・加太《かた》こうじは、当時の講談・落語関係者は、「浪曲節を乞食節といっていやしめていた」そうです。そういった関係者の差別意識、特に、速記関係者の差別意識が、この抗議の背景にあった、と加太は見ています。

こうした抗議を受けた講談社は、同誌の誌面から講談速記を一掃することを決断し、これに代って登場したのが、「新講談」でした。当時すでに、講談の口調をまねた「書き講談」というものが知られていましたが(立川《たつかわ》文庫など)、講談社は「書き講談」を、新たに「新講談」と名づけ、有能な文士を発掘してゆくと同時に、「大衆文学」の誕生を促したのでした。

ちなみに、今日、国会図書館に架蔵されている講談社の図書（雑誌以外）で最も古いものは、寺沢琴風《きんぷう》著『佐和山主水《さわやまもんど》』（一九一三）で、「家庭新講談」シリーズの第一編にあたっています。同書の奥付によれば、当時の講談社の住所は、東京市本郷区駒込坂下町、「発行者」は、野間清治となっています。

4　古書目録あれこれ

私は、「古本」を趣味としています。頼んだわけではないのですが、古書店あるいは古書展から、時折り、「古書目録」が送られてきます。なかには、B5判で三〇〇ページ弱、一部カラー印刷、という立派なものもあります。しかし、多くの場合は、A5判で四〇ページ強、針金綴じといった感じの小冊子です。

古書店あるいは古書展主催団体は、こうした古書目録を、おそらく、国会図書館に納本していないと思います。古書店あるいは古書展が、納本しなければ、これらが国会図書館に残ることは、まずありえません。世に流通している各種の販売目録についても、同様のことが言えます。

ただし、過去には、古書店の古書目録が、帝国図書館の蔵書とされた例があります。たとえば、名古屋市門前町の其中堂の『其中堂発売書目』。今日、国会図書館のデジタルコレクションで、一一、一四、二三、二五、二六、三三の各号（明治から大正にかけて発行されたものです）を閲覧することができます。

そうしたことを考えますと、今日、古書目録を発行している古書店が、自分のところで出している古書目録を国会図書館に納本しても、特に問題はないと思います。むしろ、こうしたものは、のちのちの史料としての価値が出てくることもありますから、積極的に納本されてみたらいかがでしょうか。

高崎市八千代町の古書店・名雲書店の**『明治時代　教育書とその周辺』〔96〕**（一九九三）は、定価五〇〇〇円の古書目録です。有料、しかも高額の古書目録というのは、かなり珍しいと思いますが、当時、私は、大枚五〇〇〇円を払って、これを購入しました。貴重な文献だと思ったからです。この本は、国会図書館には架蔵されていません。こういう古書目録こそ、国会図書館に納本していただきたかったところです。

5　国会図書館にあるかないか

いまから二〇年ほど前、国会図書館で閲覧を申し込む際に、「図書請求票」という横長の紙片が使われていた時のことです。私は、国会図書館の蔵書目録で見た書名、請求記号を記入し、カウンターの職員に渡しました。しばらく経って、名前を呼ばれたので行ってみますと、この本は、現在、当館には架蔵されていないとのことでした。どうも過去に、盗難、紛失等の事故があったようでした。今、その書名を思い出すことができませんが、このように、いったんは国会図書館の蔵書となった本でも、その後、何らかの理由で失われ、「国会図書館にはない本」になるケースがあります。

すでに、次章で扱うべきテーマ、「国会図書館にない本は、どのようにして生じたのか」という問題に入ってしまったようです。最後に、ある本が、国会図書館に架蔵されているかどうかを調べる方法について、ご説明しましょう。

まず、インターネットで、「国立国会図書館サーチ NDL-Search」の画面を出します。「簡易検索」のタブになっていると思いますが、キーワードとある枠に、調べたい書名を打ち込みます。たとえば、「日月明し」と打ち込みますと、この本は、一九四五年（昭和二〇）に生活社から出た亀井勝一郎の著書で、「日本叢書」の第九冊にあたるなどの情報を知ることができます。ただし、生活社版の項には、「公共図書館蔵」とあって、「国立国会図書館蔵書」の文字はありません。このことによって、少なくとも、生活社版『日月明し』が、国会図書館には架蔵されていないことがわかります。生活社版『日月明し』を架蔵している公共図書館を調べるには、キーワードの枠に戻り、「日月明し　生活社」と打ち込みます。すると、画面左側に、「岐阜県図書館（1件）／福岡市総合図書館（1件）」と出ます。

同じく、キーワードとある枠に、「新小岩娼街に於て売笑生活体験を訊く」と打ち込みますと、「『新小岩娼街に於て売笑生活体験を訊く』に一致する資料は見つかりませんでした。」と出ます。この本は、国立国会図書館にも、また他の公共図書館にも収蔵されていないことが判明します。

しかし、そもそも、そんな書名の本が本当に存在するのかという疑いを持った場合には、さらにインターネットのgoogle（グーグル）等で、「新小岩娼街に於て売笑生活体験を訊く」を検索します。すると、「CiNii図書—新小岩娼街に於て売笑生活体験を訊く（速記録）」がヒットしますので、この本が実在していることを確認できるわけです。ちなみに、この本を持っている図書館は、琉球大学附属図書館一館のみで、「タイトル別名：新小岩娼街売笑生活速記録」とあります。琉球大学附属図書館に架蔵されている本は、同書の第二版にあたると推定されます（本書第三章**『新小岩娼街に於て売笑生活体験を訊く』**〔63〕の項参照）。なお、CiNii（サイニィ）というのは、学術情報を検索できるシステムのことです。

ある本が、国会図書館に架蔵されているかどうかを調べる方法としては、「NDL-OPAC国立国会図書館蔵書検索・申込システム」による方法もあります。この場合も、「簡易検索」のタブを選んで、キーワードの枠に検索したい書名を打ち込みます。該当する資料がない場合は、「お探しのキーワードでは、見つかりませんでした」と返ってきます。

第二章

国会図書館にない本は、どのようにして生じたのか

国会図書館にない本は、どのようにして生じたのでしょうか。これは、非常に難しい問いです。なぜなら、この問いに答えるためには、以下のような問題すべてに通じている必要があるからです。——日本で中央図書館が成立するまでの歴史とそれ以降の歴史、中央図書館における納本制度のしくみとその変遷、版権登録の歴史としくみ、版権登録と納本制度との関係、出版物検閲の歴史としくみ、出版物検閲と納本制度との関係、中央図書館における「蔵書」構築のしくみ（「蔵書」選定の基準など）、中央図書館における蔵書の盗難・紛失・焼失（関東大震災）の実際、今日における「納本」の実状、などの問題です。

私は、これらの諸問題に大きな関心を持っていますが、まだ研究を始めたばかりで、わからないことがほとんどです。

以下、本章では、「国会図書館にない本」は、どうして、中央図書館に収蔵されなかったのか、あるいは、なぜ、今日、国会図書館に架蔵されていないのかについて考察したいと思います。この考察は、次章で、「国会図書館にない本」それぞれについて解説した際にも、おこなう場合がありますが、本章においては、明治初期から、年代を区切りながら概観してみます。

なお、書名が**太字**になっているものは、本書で取り上げた「１００冊」に入っていることを示します。書名のあとの数字は、１００冊を年代順に並べた場合の通し番号です。

1　帝国図書館が設立されるまで

国立国会図書館のホームページで、「帝国図書館の誕生」という文章を読むことができます（第一二五回常設展示、二〇〇三年四月〜五月）。それによれば、戦前の中央図書館、納本図書館として知られる帝国図書館が東京・上野公園内に開館したのは、一九〇六年（明治三九）三月二〇日でした。この帝国図書館は、今日の国立国会図書館の「前身」にあたるわけですが、では、帝国図書館の「前身」には、どんなものがあったのでしょうか。これについて、「帝国図書館の誕生」は、こう述べています。

帝国図書館の起源は、明治5年、文部省により開設された書籍館《しょじゃくかん》である。書籍館はその後、東京書籍館、東京府書籍館、東京図書館と変遷を遂げてきた。文部省所管の東京図書館は、市民の図書館として機能していたが、全国規模の図書館設立には至らなかった。帝国図書館の設立には、東京図書館長であった田中稲城《いなぎ》の尽力があった。

この「東京図書館」が、帝国図書館の直接の前身ということになります。この東京図書館は、規模が小さく、田中稲城は、「東京図書館ニ関スル意見要略」（一八九一）などで、東京図書館が「日本を代表する図書館」でなければならないと訴えていました。この主張が、帝国図書館の設立につながったわけです。

さて、帝国図書館は、東京図書館の蔵書を引き継ぐわけですが、東京図書館自体の規模が小さかったことから、その蔵書の規模も十分なものではなかったと推察されます。明治初期・中期には、おびただしい数の出版物が刊行されましたが、そのうち、今日、国会図書館に架蔵されているものは、あくまでも「一部」でしかありません。

福沢諭吉**『かたわ娘』**〔1〕(慶応義塾出版局、一八七二)、ヘツボツ生**『教科書事件』**〔3〕(特報社、一九〇三)といった本が、今日、国会図書館に架蔵されていないのは、こうした事情があったからだと思います。

2　明治後期および大正期

明治期のうち、上野公園内に帝国図書館が開館した一九〇六年(明治三九)以降を仮に、明治後期とします。明治後期および大正期は、帝国図書館が発展してゆく時期ですが、前記「帝国図書館の誕生」によれば、帝国図書館は、最初から、「予定の四分の一」しか建築されないままに開館を迎えた「未完の図書館」でした。さらに、そこに財政難という問題が加わります。蔵書の受け入れには、おのずから制約があったと見るべきでしょう。

そうした中で、帝国図書館としては、何を蔵書として受け入れるという「選別」をおこなったと思われます。もちろん、具体的な運用実態はわかりません。

普通学講習会『言文一致　倫理学問答』（田中宋栄堂、一九〇三）、中山丙子《へいし》**『日本売笑史』**〔4〕（寸美会、一九〇六）、金龍山人『新音曲　花くらべ』（盛陽堂、一九〇六）、魚住嘉三郎編**『新案福引集』**〔5〕（魚住書店、一九〇七）、南大曹述**『胃腸病の話』**〔7〕（新橋堂書店、一九一六）、衛生新報社編纂『物理的健康増進法』（新橋堂書店、一九一七）、森本信次郎**『式辞演説資料　五分間演説集』**〔8〕（日本青年通信社、一九一八）といった本は、それが「通俗」であるという理由で、選別から漏れたものと推察します。

小南又一郎**『法医学ト犯罪研究』**〔10〕（カニヤ書店出版部、一九二〇）は、学術書ですが、あまりに小さい本であるために、受け入れの対象とならなかった可能性が考えられます。

満洲日日新聞社編『安重根事件公判速記録』（満洲日日新聞社、一九一〇）、施乾**『乞食社会の研究』**〔12〕（愛愛寮、一九二五）は、いずれも、当時の「植民地」において発行された文献です。後者については、当時、台湾総督府図書館に収蔵されたことが確認できます。

3 昭和前期（戦前・戦中期）

帝国図書館は、一九二七年（昭和二）から増築工事が行われ、一九三〇年（昭和五）三月に、その落成式がおこなわれました。しかし、前記「帝国図書館の誕生」によれば、帝国図書館は、この増築によっても、「予定の三分の一も完成せず、相変わらず『未完の図書館』のままであった」ということです。

そういうことであれば、帝国図書館としては、この時期にいたっても、なお、何を蔵書として受け入れるという「選別」をおこなわざるをえなかったと思います。

この時期は、日本が戦争体制に向かい、また、実際に世界を相手に戦争した時期でした。そうした時代背景から、帝国図書館関係者が、時代風潮に合わない本、不要不急の本などを、意図的に「選別」から外したということが、あるいはあったかもしれません。

たとえば、関東朝日新聞社『血で描いた五・一五事件の真相』（共同館、一九三三）、島津嘉孝**『模範口述問答要領　憲法行政法』**〔26〕（新光閣、一九三三）、美和庸三**『情痴の人肉事件』**〔32〕（文海堂書店、一九三六）、松井翠次郎《すいじろう》**『農村の生活調査』**〔33〕（佐藤新興生活館、一九三七）、日本青少年教育研究所『児童生活の実態』（朝倉書店、一九四三）などは、そのようにして、帝国図書館には収蔵されなかった可能性があります。

しかし、その一方で、この時期の出版物には、時局にふさわしいようなものであったとしても、やはり、「選別」から外されているケースが、しばしば見られます。『速習　軍用日満支会話』（尚兵館、一九二九）、富岡秀耀《ひであき》『日章旗物語』（教育之日本社、一九二九）、寺尾与三《よぞう》『新体制と真宗教』（八紘社、一九四〇）、常会研究会**『常会必携』**〔42〕（明倫堂書店、一九四一）、昭和礼法研究会**『文部省制定昭和の礼法』**〔43〕（興亜日本社、一九四一）、藤原草郎《そうろう》**『日本青少年歌曲集』**〔46〕（東邦音楽書房、一九四三?）などが、その例です。これをどのように捉えたらよいのかについては、さらに考えて行かなければならない課題です。

なお、昭和前期（戦前・戦中期）には、内務省の検閲によって、安寧秩序妨害ないし風俗壊乱の理由で発禁処分を受けた本が多数ありました。これらの本は、内務省が保管していましたが、一九三七年（昭和一二）以降は、その副本を帝国図書館が保管することになり、今日では、国会図書館に受け継がれています。これらは、「帝国図書館旧蔵発禁図書」と呼ばれ、請求記号の最初に「特５００」が付いています（一部、例外もあります）。

また、内務省が保管していた正本は、戦後、アメリカ軍の接収を受け、一時は、米国議会図書館の蔵書に編入されましたが、一九七六年（昭和五一）から一九七八年（昭和五三）までの間に、返還が実現しました。これらは、「接収返還本」と呼ばれ、請求記号の最初に「特５０１」が付いています。これらの発禁図書（「帝国図書館旧蔵発禁図書」および「接収返還本」）は、欠落したものを除いて、国会図書館に架蔵されており、もちろん閲覧が可能です。

たとえば、奈良正路著の『座談会の研究』（新興科学社、一九二九）という本は、当時、発禁とされたために（安寧秩序妨害）、今日、国会図書館で、これを閲覧することができます（請求記号「特500―55」）。一方、同じ著者による**『検束・拘留・押収・捜策と如何に闘ふべきか』**〔15〕は、発禁にはなりませんでしたが、帝国図書館によって収蔵の対象とされなかった（たぶん）ために、これを今日、国会図書館で閲覧することはできません。非常に皮肉な話です。

4　戦後占領期

ここで戦後占領期とは、一九四五年（昭和二〇）八月の敗戦から、一九五二年（昭和二七）四月の講和条約発効までの期間を指します。この間、一九四七年（昭和二二）一二月に、帝国図書館が「国立図書館」というふうに名称を変更しました。

また、一九四八年（昭和二三）二月、国立国会図書館法に基づいて、国立国会図書館が開館します。一九四九年（昭和二四）四月、国立図書館は、国立国会図書館に統合され、国立国会図書館支部上野図書館となりました（二〇〇〇年からは、「国際こども図書館」）。

この時期の出版物を集めた、「プランゲ文庫」というコレクションがあります。プランゲ文庫は、連合国最高司令官総司令部（ＧＨＱ）の検閲に際して発生した資料ですが、この検閲がかなり徹底したものだったために、今日、国会図書館に架蔵されていない資料でも、プランゲ文庫に保存されているという場合が、かなりあります。

もちろん、国会図書館にもなく、プランゲ文庫にもない本というのがあり、国会図書館にもあり、プランゲ文庫にもあるという本もあります。また、プランゲ文庫にはないが、国会図書館にはあるという場合もあるわけです。プランゲ文庫については、次章の「**5**」で説明しますので、ご参照ください。

塚本勝義**『神州之正気攷』**〔**52**〕（誠文堂新光社、一九四五年九月一五日）、田中英光**『桜田門外』**〔**53**〕（生活社、一九四五年九月三〇日）、『日米会話手帳』（科学教材社、一九四五年一〇月一日）、白井新平**『天皇制を裁く』**〔**54**〕（啓衆社、一九四六年一月一五日）は、いずれも、国会図書館にもなく、プランゲ文庫にもありません。これらが、国会図書館にないのは、敗戦にともなう混乱によるものでしょう。これらが、プランゲ文庫にないのは、ＧＨＱによる検閲体制が整う以前の出版だったためと思われます。

吉田長蔵《ちょうぞう》**『南朝の正皇系　熊澤天皇の真相』**〔**56**〕（南山社、一九四七）、法務庁研修所**『捜査十談義』**〔**62**〕（法務庁研修所、一九四八）、佐藤紅霞**『完全なる日本人夫婦の結婚生活』**〔**64**〕（日本コバルト文化協会、一九四八）、妻木松吉『妻木松吉手記　強盗の心理』（創文社、一九四八）は、いずれも、国会図書館にはないが、プランゲ文庫にはあるという例です。

文部省初等中等教育局『中学校・高等学校の生徒指導』（日本教育振興会、一九四九）、海後宗臣《かいごときおみ》『社

会科教育法』（慶応通信教育図書株式会社、一九五一）といった本は、戦後占領期に出た本ですが、国会図書館にもプランゲ文庫にもありません。その事情は、よくわかりません。いずれも、復刻に値する貴重な文献ですが、その存在自体が埋もれてしまっています。

『新小岩娼街に於て売笑生活体験を訊く』（63）（日本生活心理学会、一九四八）は、一種の「秘密出版」で、当然、国会図書館にはなく、またプランゲ文庫にもありません。この本は（正確には、この本の第一版は）、「秘密出版」であるにもかかわらず、占領軍の検閲を意識しており、いかにも「時代」を感じさせます。

5　独立から今日まで

二〇〇七年に国会図書館がおこなった調査によると、取次業者を通しておこなわれる図書の納本率は、八八パーセントだったそうです。取次業者が扱うような本でも、一割以上の本が、国会図書館に納本されていないことになります。これは、今に限ったことではありませんが、非売品、私家版、自費出版などの形をとった出版物は、そのほとんどが、国会図書館に納本されていないと見るべきでしょう。

そうした中で、そういう貴重な本があるとは知らなかった、本の名前は聞いたことがあるが、国会図書館にもないようだ、参考文献に挙げられていたので、わざわざ国会図書館に赴いたが閲覧できなかった、といった事態が生じるわけです。

桂井和雄『笑話と奇談』（高知県福祉事業財団、一九五二年九月）、熱海市役所**『熱海』**(75)（熱海市役所、一九五三）、柳屋本店**『にっぽん「丸坊主」白書』**(84)（柳屋本店、一九六七）、雑賀郷土史編纂実行委員会編**『雑賀の今昔』**(94)（雑賀郷土史編纂実行委員会、一九九一）といった本は、資料（史料）としての価値がきわめて高い本で、国会図書館に納本されていたならば、多くの人々がこれを閲覧し、また論文等に援用したのではないかと思います。

第三章
国会図書館にない100冊の本を紹介する

本章では、いよいよ具体的に、「国会図書館にない本１００冊」を取り上げ、紹介してゆきたいと思います。その際、１００冊を、次のような分類に振り分けることにしました。

1、私家版・非売品など（一三冊）
2、通俗科学、サブカルチャーなど（一二冊）
3、ローカルな話題、地方出版など（一一冊）
4、戦中期の出版物（九冊）
5、戦後占領期の出版物（七冊）
6、内部資料、受講用テキストなど（八冊）
7、小冊子、小型本（八冊）
8、雑誌の付録（七冊）
9、児童書、学習参考書など（一〇冊）
10、独習書、参考書など（六冊）
11、その他（九冊）

陸王1200cc型　121ページ参照

この分類は、あくまで便宜的なもので、深い根拠はありません。また、どの本をどこに入れるかという振り分けも厳密なものではありません。というのは、分類に苦慮させられる本、たとえば、内部資料であって、小冊子であって、しかも戦後占領期のものでもある、といった本が、いくらでもあったからです。

なお、各分類内の配列は、発行の年代順に従いました。また、書名のあとにある〔　〕内の数字は、年代順に並べた場合の通し番号です。

1 私家版・非売品など（一三冊）

最初に、私家版・非売品・会員頒布などの形で発行された本を紹介します。これらの本は、比較的に部数も少なく、また頒布先も限定されています。また、「公開」を前提としていないという場合も多いようです。したがって、納本図書館（かつての帝国図書館や今日の国立国会図書館）に納本され、保存されるという機会が少なくなるのはやむをえません。以下、一三冊を紹介します。

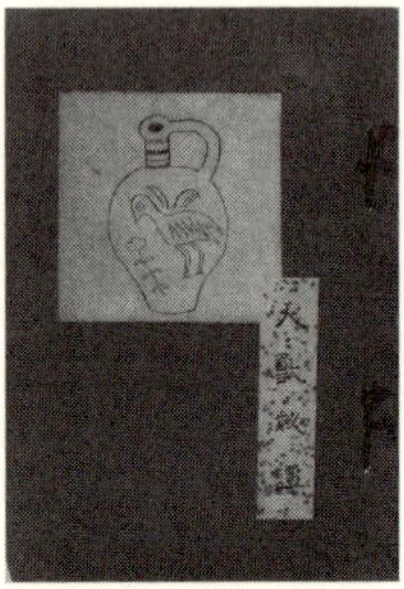

本山桂川《もとやまけいせん》著**『人獣秘譚』**（17）は、一九三〇年（昭和五）一月、日本民俗研究会から刊行されました。日本民俗研究会というのは、在野の民俗学研究家である本山桂川（一八八八〜一九七四）が主宰していた会で、雑誌『民俗研究』を発行し、また「民俗資料叢書」、「民俗文芸特輯」というシリーズ物を刊行していました。研究会の住所は、「千

葉県市川町九九三」です。

本書『人獣秘譚』は、「民俗文芸特輯」シリーズ全六冊のうちの一冊として刊行されたものです。このシリーズは、全六冊分代金五円、または各冊代金一円を前納した会員に頒布されました。今日、国会図書館に、同シリーズの本が一冊も架蔵されていないのは、こうした頒布形式と関わるはずです。

本書は、謄写版刷り、袋綴じ、本文一四四ページです。扉に、「本山桂川著」とありますが、実際には、本山桂川「人獣秘譚」と橘正一《たちばなしょういち》「シタクチバナシ」の二作品が収められています。特に後者は、若くして逝った言語学者が残した「猥談」であり、参照に値する文献です。内容は、ヴァギナ・デンタータ＝「歯のある膣」の話で、ほぼ一貫しています。

メモ・本書には「正誤表」がはさまれており、そこに「謄写版専門の商売人に委ねた」ため、誤字脱字が多い旨の断りがある。本山桂川は、実は謄写版のセミプロで、みずから製版することもあった。

余談・橘正一編『盛岡猥談集』は、橘が「非売品」として、謄写版刷りで刊行したものである。奥付がないので、発行日は不明だが、一九三〇年（昭和五）五月二七日に、「風俗壊乱」によって発禁処分を受けている（国会図書館蔵、閲覧可）。

三浦順太郎著『陪審裁判　松島五人斬事件之弁論』〔21〕は、一九三一年（昭和六）九月に刊行されました。非売品で、三浦順太郎が「著作兼発行人」になっています。

三浦順太郎は、四十二年二か月にわたって裁判所に在職しましたが、一九二九年（昭和四）に退職し、その後、現役時代をふりかえって、この本をまとめました。タイトルの通り、本書のページの大半は、「松島五人斬《ぎり》事件」の陪審裁判に費やされています。同事件は、一九二五年（大正一四）に長崎県西彼杵《にしそのぎ》郡松島村で起きた強盗殺人事件です。また、この事件にかかる裁判は、長崎地方裁判所における「第二回陪審事件」でした。

本書は、この陪審裁判の記録としても貴重ですが、そのほか、巻末に、著者の手記「在職四十三年の回顧」が付されている点でも注目されます。これだけの史料が、今日、国会図書館に架蔵されていないのは、まことに残念なことです。

メモ・三浦順太郎には、『大津事変実験記』（一九二九）という著書がある（私家版か）。これは、三浦が大津地方裁判所の予審判事だった一八九一年（明治二四）に起きた「大津事件」（ロシア皇太子襲撃事件）について、その「実験」（実際の経験）をまとめたものである（国会図書館蔵、ただし、デジタルコレクションでの閲覧に制限あり）。

都《と》丸《まる》十《と》九《く》一《いち》編『**中学生の調べた村の年中行事**』〔72〕は、一九五〇年（昭和二五）七月、東京都神田区神田鎌倉町の創元書房から刊行されました。B6判で、本文は、索引も含めて一二一ページです。編者の都丸十九一は、当時、群馬県勢多郡横野村立横野中学校（現在の渋川市立赤城南中学校）の教諭で、民俗学研究所の同人でした。

都丸先生は、一九四七年（昭和二二）七月、上毛民俗の会の講習で、朝日新聞社学芸部の牧田茂記者から、「社会科と民俗学」と題する話を聞きました。それに刺激を受け、さっそく、社会科の授業の中に、村の民俗調査を採り入れることにしました。同書の「後記」から、少し引用してみます。

> 八月はちょうど盆月となり、旧暦七月の行事が展開されるので、要項をプリントにして、休み中ではあつたが、私の担任八年B組の生徒に、調査してくるよう宿題として配布した。九月に入つて集つたものを整理してみてびつくりした。

都丸先生がびっくりしたのは、意外な習俗が、村内に数多く残存していたことを知ったからです。こうして始まった調査の成果をまとめたものが、本書『中学生の調べた村の年中行事』です。その内容を、一部でも紹介したいところですが、今、それができないのが残念です。

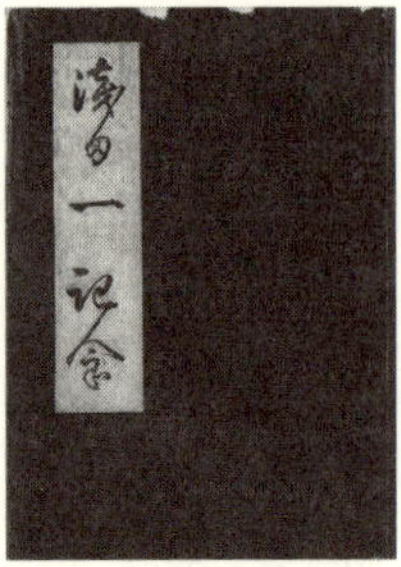

平島侃一《なおかず》ほか編『浅田一記念』〔76〕は、法医学者・随筆家として知られた浅田一《はじめ》（一八八七〜一九五二）の一周忌を記念して編まれた本です。奥付には、「昭和二十八年七月十六日発行／浅田一 一周忌記念発行（非売品）」とあります。おそらく、関係者のみに頒布された私家版でしょう。

本文一四六ページ、「略伝」、「訃報」、「追想」、「遺稿」、「解剖所見」、「浅田一執筆録」の六部からなっています。本文は謄写版印刷ですが、ところどころにグラビアページがあり、遺影や遺筆が紹介されています。追想を寄せた人々の中には、小南又一郎《こみなみまたいちろう》、古畑種基《たねもと》、江戸川乱歩、山田風太郎《ふうたろう》などの名前があります。浅田一が、各方面の人々から、尊敬され慕われていたことがわかります。

長曽我部《ちょうそがべ》督《おさむ》さん（中学時代の同級生のようです）の「弔辞」に、「人凡《すべ》てがあなたの如く立派であり得たならば人類社会は平和で幸福で繁栄あるのみと思う」とあります。弔辞とは言え、これほど誉められる人は、めったにいないと思います。

川柳作家の麻生路郎《あそうじろう》（川柳不朽洞会）は、その追悼文の中で、浅田一の辞世句を紹介しています。「妻に如《し》く看護菩薩が又あろか」。ちなみに、『浅田一記念』の発行者は、浅田一夫人の浅田美知子さんとなっています。

谷村《やむら》高等学校社会部編『**郡内百姓一揆**』〔78〕は、一九五六年（昭和三一）四月に発行されました。今、机上にあるのは、その第二版で、同年六月の発行です。奥付によれば、編集人と発行人は同じで、「谷村高等学校社会部（代表森島滝子）」となっています。「研究報告第一集」と銘打たれており、「非売品」です。

谷村高校というのは、山梨県都留市にあった山梨県立谷村高等学校のことで、その後、何度かにわたって、組織変更や校名変更がおこなわれたために、現在、谷村高校という名前の高校はありません。

さて、この本は、新書版で本文は八三ページにすぎませんが、活版印刷の立派な本です。高校生たちが、その部活動で得た研究成果をまとめ、本として世に問うというのは、なかなかできることではありません。ちなみに、社会部の代表者である森島滝子さんは、一九五六年三月の時点で、同高校の二年生です。

この本の内容を詳しく紹介することはできませんが、巻末の「座談会」で、指導教員や高校生たちが、実際の歴史と、残されている「史料」とが一致するとはかぎらない、と述べているのは鋭いと思いました。

尼崎市立園田中学校社会研究部編**『園田の歴史』**〔83〕は、一九六六年（昭和四一）一一月に、尼崎市上食満《かみけま》の尼崎市立園田中学校によって刊行されました。A5判で、本文一〇六ページ、タイプ印刷で、ルビは手書き文字になっています。

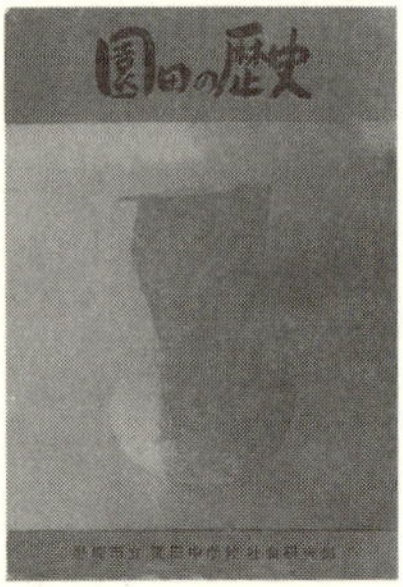

「園田の歴史」とは、尼崎市の園田地区、あるいは、一九四七年（昭和二二）に同市に合併された「園田村」の歴史という意味です。社会研究部の中学生諸君が、自分の地域の歴史を調べ、それを一冊の本にまとめるということは、それだけでもたいへんなことです。この『園田の歴史』は、出来ばえが立派で、内容も多彩なことに驚かされます。

弥生時代の遺跡として知られる田能《たの》遺跡は、尼崎市の園田地区にありました。この遺跡の発掘には、社会研究部の部員も参加しています。以下は、一九六五年（昭和四〇）一一月から、遺跡発掘に加わった政友修《まさともおさむ》さん（当時、中学二年生）の作文の一節です。

　十二月に入って、社研部以外の人は参加がすくなくなった。さむい日もあった。しもやけが出はじめ、かぜをひいたこともあったが、調査団長の村川先生や調査員の人から、田能遺跡の大切さをいろいろと教えられ、「ぼくのような生徒の発掘作業の協力も日本の歴史を明らかにすることに役立つんだ。」と思うとうれしかった。

本書巻末に、園田村が尼崎市に合併するまでの経緯を記した年表があります。賛成派と反対派の間に激しい争いがあったようです。このあたりのことについて、中学生諸君に「聴き取り」をしてもらうと、貴重な史料になったかもしれません。

メモ・園田村の尼崎市への編入は、一九四七年（昭和二二）三月一日、しかし、合併反対運動は、そのあとも続き、旧園田村の閉村式は、翌年二月にずれこんだという。

『にっぽん「丸坊主」白書』（84）は、一九六七年（昭和四二）三月、東京都中央区日本橋通りの「株式会社　柳屋本店」から刊行されました。「頭髪に関する特殊性と問題点」というサブタイトルがついています。A5判で、本文九三ページ、定価の記載はありません。また、編者名の記載もありません

目次を見ますと、第一章「丸坊主の現状」、第二章「丸坊主の背景」、第三章「丸坊主・考」、第四章「頭髪と医学」とあって、「丸坊主」に関する本格的な研究であることがわかります。

特に、第二章は、第一節「丸坊主の発祥と歴史的発展」（遠藤武・執筆）、第二節「軍隊と散発」（松下芳男・執筆）、第三節「仏教と剃髪」（石田瑞麿《みずまろ》・執筆）の三節からなっていて、それぞれ、非常に読

み応えのある本格的な論考です。

　この本の発行者である柳屋本店は、「柳屋ポマード」などで知られる化粧品メーカーで、一六一五年（元和元年）に創業された老舗です。その柳屋本店が、「丸坊主」に関する本を出したのは、当時、全国各地の学校で、「頭髪に関する紛争」が頻発していたからでした。柳屋化粧品社長の外池《とのいけ》五郎三郎《ごろうさぶろう》氏は、本書の冒頭で、「わたしどもが、これを社会問題としてとらえ、提示するのは僭越だとは思うが、頭髪に関係のある業務にたずさわるものとして、ここに参考資料をとりまとめた次第である」と述べています。

　本書は、その存在そのものが、あまり知られておらず、文献として引用される機会もなかったようです。その理由の大半は、本書が国会図書館に架蔵されていないことにあったはずです。非常に残念なことだと思います。

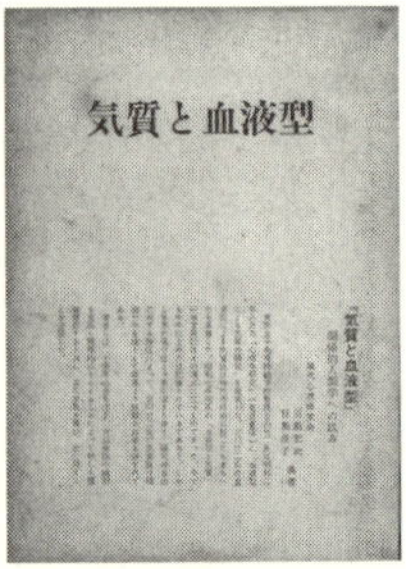

本書・函

目黒宏次・目黒澄子共著『**気質と血液型**』〔85〕は、一九七〇年（昭和四五）七月三〇日に、現代心理研究会（東京都中野区）から刊行されました。奥付に、「会員版」とありますので、現代心理研究会の会員にのみ頒布されたものと思われます。

　本書のサブタイトルは、「関係的人間学への試み」となっています。血液型と気質の相関を説くのではなく、血液型間に働くある種の関係について説いています。

昭和初年、東京女子高等師範教授の古川竹二は、「血液型と気質」の相関を説いて、一時期、注目を集めました。目黒宏次らは、この古川学説を一歩進め、血液型間に働く「関係性」に注目したわけで、その発想はきわめてユニークなものだったと言えます。

一年ほど遅れて、ベストセラーとなった類書が出ました。能見正比古《のみまさひこ》著『血液型でわかる相性』（青春出版社プレイブックス）です。こちらは、一九七一年（昭和四六）九月一五日刊です。能見正比古が、目黒宏次らの「関係的人間学」からアイデアを借りた可能性が考えれますが、先行した『気質と血液型』の閲覧が難しいこともあって、十分な検証はなされていません。

竹内武雄著**『郷土の七十年』〔90〕**は、一九七九年（昭和五四）一二月に、東京都中央区日本橋小網町の啓明出版株式会社から刊行されました。出版社が発行所になっていますが、奥付に「非売品」とありますので、「私家版」として製作され、市販されなかったもようです。同じ理由によって、国会図書館への納本もなされなかったのでしょう。

著者の竹内武雄さんは、一九〇二年（明治三五）生まれで、本書刊行時の住所は、東京都調布市布田《ふだ》になっています。本書において、竹内さんは、様々な体験談を披露していますが、中で、最も貴重と思われるのは、関東大震災のときの見聞を語っている部分です。
竹内さんは、大震災があった一九二三年（大正一二）九月一日当時、二一歳でした。このころも、北多摩郡調布町布田にお住まいでした。九月一日のあと、二日、三日、四日と、連日、自転車で都心まで出かけ、被害状況を細かく観察しています。

うまや橋を過ぎたあたりの川岸の広場に数知れぬ多くの死骸が折り重なって思はず吐息を呑む。電車通りと隅田川の間の広場が折り重った死骸で埋っている。銃剣の兵隊さんが五、六間おきに警戒しているので中へははいれない。この死体で埋まった広場が五町か六町も続いている。広場の中では死骸を山と積みあげて薪《まき》を燃やして焼いている。煙と臭気で夕ぐれのようにかすんでいる。手拭でほおかむりして鼻や口を掩った人が懸命に死体を片付けている。船から上げられる死体もこゝで焼いているらしい、この死骸の山がいくつもいくつも煙っている。

この「広場」こそが、多くの死者を出したことで知られる、本所の陸軍被服廠跡だったのです。竹内さんは、浅草から吾妻橋を渡ったあと、深川佐賀町を目指して南下したため、たまたま、被服廠跡の惨状を目撃することになりました。

菊田求《もとむ》著（菊田義孝編）**『菊田求詩集　僕』**〔91〕は、一九八〇年（昭和五五）七月に刊行されました。発行者は、東京都立川市の菊田義孝となっています。菊田義孝（一九一六～二〇〇二）は、太宰治の研究で知られる文芸研究者です。

著者・菊田求（一九四九～一九七五）は、菊田義孝の子どもです。本書の「あとがき」で、菊田義孝は、次のようなことを述べています。

菊田求は、一九四九年に生まれ一九七五年に死んだ。二十六歳二カ月の短い生を自ら断ったのである。人の自殺の原因などは、誰の場合にしろ、けっきょくのところ確定しうるものではない。いくら語っても語りつくせるはずはない。だからここには、それについて何も書かない。

「あとがき」の署名は、「求の父　菊田義孝」となっています。菊田義孝に、「パッション」という中編小説があります。子どもの自殺事件を小説にしたものです（「眼の会」発行『眼』第七号、一九七六年六月、所載）。

菊田求には、『反逆と愛のはざまで――ある学生の孤独な遺書』（光風社書店、一九七八）という著書があります。こちらは、国会図書館に架蔵されています。

余談・礫川は、高校時代、菊田求と同級だったことがある。特に親しかったというわけではなかったが、実に優しい好男子で、今でもそのハニかんだような笑顔を、しみじみと思い出す。

關内孝雄編**『八切止夫著作目録』**(98)は、一九九七年一二月に刊行されました。奥付に「私家版・非売品」とあります。印刷・製本・装丁は、「ｔａｋａｏ」となっていますが、著者・關内孝雄氏による手作り出版と伺いました。A5判で、ハードカバー、本文七三ページ。発行部数は、わずかに八部。今、机上にあるものは、「限定八部ノ内　六番」です。

關内孝雄氏は、異端の歴史小説家・八切止夫《やぎりとめお》（一九一四～一九八七）の研究家であり、八切止夫の著作のコレクターでもあります。本書は、その關内氏が、みずから現物にあたって作成された八切止夫の著作目録です。八切の単行本に関しては、改訂版、改装版、改題版などを含めて、ほぼ完全にカバーしているそうです。非常に貴重な研究資料ですが、国会図書館には架蔵されていません。

ただし、この著作目録の内容は、關内氏の了解をいただいて、雑誌『歴史民俗学』（批評社）の第二一号（二〇〇二年六月）に、そのままの形で転載させています。その研究成果を活用することは、比較的、容易です。

余談・八切止夫の本は、一九九〇年代に、その古書価が高騰し、一冊二万円を超える場合もあった。今日では、そういうブームは去っている。

末永昭二著『**城戸　禮**』〔99〕は、一九九八年六月、千葉市美浜区の里艸《りそう》から刊行されました。奥付に、「限定二百部　非売品」とあります。著者の末永昭二さんは、大衆小説研究家として知られ、『貸本小説』（アスペクト、二〇〇一）、『電光石火の男——赤木圭一郎と日活アクション映画』（ごま書房、二〇〇六）などの著書があります。

本書の発行元である里艸は、「古書里艸」（古書店）の出版部門かと思われます。本書のほかに、結城秀雄校訂『西学襍纂《ざっさん》』（翻刻里艸叢書　第二）（一九九八年九月）などの本を出版しています。

本書は、城戸禮《きどれい》（一九〇九～一九九五）という異色のベストセラー作家についての研究書です。私は、城戸禮の作品は読んだことがなく、彼がベストセラー作家であったことも知らなかったので、末永さんのこの本を読んで驚くと同時に、大いに啓発されました。

ちなみに、今日、国会図書館のデータで城戸禮の著作を調べますと、一九四三年（昭和一八）の『明るい仲間』（東成社）から、一九九五年の『勇猛ダイナミック刑事』（青樹社）まで、三〇〇冊以上あります。これは、大変な数です。

本書は、この城戸禮についての本格的な研究で、「附録」として、映画化作品、映画化企画、テレビ化作品、テレビ化企画、著作目録が載っています。特に、映画化作品と著作目録は労作だと思いました。

余談①・一九六〇年二月封切、赤木圭一郎主演の日活映画『拳銃無頼帖　抜き打ちの竜』は、城戸禮の『日本拳銃無宿』（一九五七、東京文藝社）が原作だという。ところが、同年五月封切の、同じく赤木圭一郎主演の日活映画『拳銃無頼帖　電光石化の男』は、城戸禮の原作だが、その作品名が不詳だという。そういうこともあるのかと思ったものである。

余談②・いま机上にある『城戸　禮』は、末永昭二さんから送呈されたものである。これより先、末永さんに、雑誌『歴史民俗学』のために原稿をお願いしたことがあって、面識こそなかったものの、郵便でのおつきあいが続いていたのである。

吉田大蔵著**『遥かなり高校紛争』**〔100〕は、一九九八年一一月に発行されました。著者による発行、すなわち私家版と思われます。奥付に「北槐叢書　2」とあります。「北槐叢書　1」に相当する本があると思われますが、不詳です。

本書には、「都立北高の日々」というサブタイトルがついています。

著者の吉田大蔵さんは、かつて高校教師で、いわゆる「高校紛争」があった一九七〇年前後は、都立北高校（通称・北高《きたこう》）に勤めていました。

北高で起きた紛争の経過を中心に、高校紛争とその背景について考察した本です。高校紛争一般についての研究書は何冊か出ていますが、このように個別の学校の紛争についてまとめた本というのは、あまり例がないと思われます。

高校紛争から何十年か経ってから、著者は、当時の生徒たちと語りあったそうです。その時に作った短歌。

封鎖せし生徒と我と落魄《らくはく》の今日《きょう》居酒屋に北高語る

「落魄の」は「今日」にかかるそうです。高校紛争の時代は、まだ「異議」を唱えることができた、しかし、今はどうなのか。——そういう思いを表現した歌だそうです。

2 通俗科学、サブカルチャーなど（一二冊）

続いて、通俗科学、大衆文化、サブカルチャーなどに関する本を紹介します。この手の本は、戦前においては、納本されたとしても、収蔵の対象と見なされず、そのために今日、国会図書館に架蔵されていない、ということが考えられます。また、戦後から今日までの間については、出版社が納本義務を怠ったケースも多かったと推察されます。

中山丙子《へいし》著**『日本売笑史』**（4）は、一九〇六年（明治三九）四月一三日、東京市本郷区春木町の寸美会から刊行されました。著者の中山丙子は、のちに、土俗学者、民俗学者として多くの業績を残すことになる中山太郎（一八七六〜一九四七）の筆名です。

今、机上にあるのは、本書の初版ですが、残念なことに奥付のページが切り取られています。初版の発行日は、本書の訂正再版（第二版）の奥付によりました。この訂正再版は、株式会社クレス出版から、復刻版が刊行されています（『復刻　日本女性史叢書』、二〇〇七）。

本書は、国会図書館に架蔵されていません。その理由はハッキリしませんが、国会図書館の前身である帝国図書館によって、収蔵するに値しない無用な本、もしくは収蔵すべきではない有害な本と認定されたからではないでしょうか。この当時においては、「売笑」をテーマにした研究などというものは、およそ理解されなかった可能性が高いと思います。

中山太郎も、もちろん、このあたりは十分に意識していました。本書の「巻頭小言」で、次のように言っています。

> 若《も》し本書の内容が人生の規範たる道徳に害毒ありとの故を以つて危険なり無用なりと云ふ者あらば、そは理想として仰ぐべき道徳を直《ただ》ちに人生の事実と見た誤解である。

本書は、日本売笑史の先駆的研究として重要な文献であり、また中山太郎という学者の記念すべき第一作としても、閲読に値する本と言えるでしょう。

「家庭医学叢書」第二〇編『**胃腸病の話**』〔7〕は、一九一六年（大正五）一月、東京・銀座の新橋堂書店から発行されました。表紙・背表紙に、「南医学博士述」とありますが、フルネームは、南大曹でしょう。というのは、奥付前の八二ページに、「京橋区木挽町一ノ十一／胃腸病専門　南胃腸病院／電話京橋二三九〇」という広告があるからです。南胃腸病院の院長・南大曹《だいそう》博士は、胃腸病の権威として知られ、晩年の夏目漱石も、その治療を受けています。

「南医学博士述」とあって、「南医学博士著」となっていないのは、南博士の口述を編纂者がまとめたものだからでしょう。同書の「凡例」に、本書は「特に斯《し》病の大家南博士に請ふて之を編し、更に博士の厳密なる校訂を経たるものである」とあります。

本書に限らず、家庭医学叢書の実質的な執筆者は、奥付に「編纂者」とある伊藤尚賢《しょうけん》（一八七四〜一九二八）だったようです。伊藤は、東京・小石川で開業していた医師であり、医学系のジャーナリストであり、また医薬品の製造販売にも携わっていました。厖大な数の著作がありますが、一九二八年（昭和三）三月に五三歳の若さで亡くなりました。

メモ・国立国会図書館のデータベースによれば、伊藤尚賢には、七九冊の編著書がある。しかし、国会図書館に架蔵されていないもの、名前は出ていないが実質的な執筆者であったものを含めると、その数はさらに増えるだろう。

余談①・中国文学翻訳家の伊藤克《かつ》さんは、伊藤尚賢の娘にあたる。克さんには、『悲しみの海を越えて』（講談社、一九八二）という自伝がある。

余談②・社会心理学者の南博（一九一四～二〇〇一）は、南大曹の長男である。東京帝国大学医学部に進んだが、「父の激務に恐れをなし」、一九三七年（昭和一二）、同大学を退学したという（ウィキペディア）。

『大正いろは新辞典』〔9〕は、大衆のために編集された実用辞典です。その初版が、東京市芝区白金三光町の玄誠堂書店から発行されたのは、一九一九年（大正八）七月のことでした。今、机上にあるのは、その第五版で、一九二一年（大正一〇）三月に発行されています。その編者（著者）を、とりあえず、「春見貞広」としておきます。「とりあえず」と申し上げたのは、表紙、背表紙、扉には、「春見貞広著」とあるにもかかわらず、奥付には「編者　山田輝彦」とあるからです。どうして、そうなっているのかはハッキリしません。

タイトルでもわかるように、この辞書は、「いろは引き」になっています。本書の「序」で、

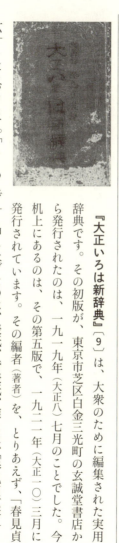

「靄々軒《あいあいけん》」を名乗る編者（著者）は、次のように言っています。

この際、必要なのは、一般人の為めの辞典である。学者、専門家の辞典でなくて、一般人の事典である。従つて、それは、仮名——いろは又はアイウエオを土台とした辞典でなくてはならぬ。

靄々軒さんは、一般人のための辞典は、「いろは又はアイウエオを土台とした辞典」でなくてはならないとしましたが、実際に、発行者が採用したのは、「いろは引き」でした。いろは引きそのほうが使いやすいという「一般人」が、まだ、かなりいると発行者が判断したからでしょう。ちなみに、この本の発行者（玄誠堂書店の代表者）は、杉山銑太郎という人物です。

メモ・「いろは引き」の辞典の場合、「イの部」なら「イの部」にある項目の順序は、二字目、三字目も「いろは」順に従う。すなわち、「い（寝）」、「い（意）」、「い（異）」に続く項目は、「いい（依依）」である。

『合法的　汽車電車安乗り法』(19)は、「誠文堂十銭文庫」の一冊です。扉と奥付には「合法的　汽車電車安乗り法」とありますが、表紙および背表紙には、「合法的　汽車電車安乗法」となっています。ここでは、「安乗り法」の表記に従います。

著者は松川二郎、一九三〇年(昭和五)一一月、東京市神田区錦町の誠文堂から刊行されました。誠文堂は、異色の出版人・小川菊松《きくまつ》(一八八八〜一九六二)が、一九一二年(明治四五)に創業した出版社です。誠文堂十銭文庫は、その誠文堂が、一九三〇年から数年の間、発行したシリーズです。『汽車電車安乗り法』には、「73」という番号が振られています。

今日、国会図書館の検索システムで「誠文堂十銭文庫」を検索すると、わずか四冊しかヒットしません。これは、当時の帝国図書館が、納本された誠文堂十銭文庫のほとんどを、収蔵に値しないと判断したということです。『汽車電車安乗り法』もまた、そうして処分された一冊だったのでしょう。

誠文堂十銭文庫は、きわめて短命に終わりました。これは、誠文堂主の小川菊松が、採算が取れないと判断し、早目に撤退したからと言われています。

メモ①・誠文堂十銭文庫は、初期のものと、中期以降のものとでは、表紙のデザインが異なっている。『汽車電車安乗り法』は、あとのほうのデザインである。

メモ②・誠文堂は、一九三五年（昭和一〇）に新光社を合併し、社名を誠文堂新光社とした。
余談・誠文堂十銭文庫には、作家の広津和郎《ひろつかずお》が書いた『麻雀入門』（番号不明、一九三〇年九月）、および『麻雀必勝法』（番号43、一九三一年六月）が含まれている。広津和郎は、一九三三年（昭和八）に、麻雀賭博の常習者として、菊池寛、久米正雄、里見弴、宇野千代らとともに逮捕された。世に言う「文壇麻雀賭博事件」である。

装丁・斎藤種臣

美和庸三《みわようぞう》著**『情痴の人肉事件』**〔32〕の初版は、一九三六年（昭和一一）六月に刊行されました。今、机上にあるのは、戦後の一九四六年（昭和二一）一二月に刊行された第三版で、発行所は、東京・小石川区の文海堂書店です。初版も、おそらく、文海堂書店から出ていると思われますが、これは確認できません。ちなみに、本書の再版は、一九四六年（昭和二一）七月に刊行されているようです。

本書の「序」によれば、著者の美和庸三は、「刑事警察方面」を担当した新聞記者のようで、この本のほかに、『探偵実話　鍵』（二松堂、一九二九）という著書があります（国立国会図書館関西館蔵）。

本書に収められているのは全三話で、順に、「鬼あざみ」、「悪縁」、「詩人の怪死」と題されています。そのうちの「詩人の怪死」は、一九〇二年（明治三五）に起きた「臀肉《でんにく》事件」を扱っています。

何者かが少年を殺し、尻の肉を切り取ったという猟奇事件です。

同事件は、「野口男三郎《おさぶろう》事件」と呼ばれることもあります。高名な漢詩人・野口寧斎の義弟である野口男三郎が、犯人と目されたからです。結果的に、野口は、この事件に関しては、「殺害《せつがい》の事実を認めるに足らず」とされ、無罪。しかし、一九〇五年（明治三八）の薬屋殺し事件で有罪となり、一九〇八年（明治四一）に死刑が執行されています。本書は、この事件の一部始終を、一一〇ページ余にわたって述べています。

メモ・本書の装丁は、画家の斎藤種臣《たねおみ》が担当している。インターネット上の「近代日本版画家名覧（1900－1945）」によれば、斎藤は、軍属として、ビルマのラングーンに赴いたが、一九四四年四月に、同地で戦傷死したという。

塚田正夫著**『詰将棋五十番』**〈37〉は、博文館文庫の一冊として、一九三九年（昭和一四）七月、東京市日本橋区本町の博文館から刊行されました。著者の塚田正夫が自作した詰将棋「五十番」が収められています。今、机上にあるのは、同年一二月に出た再版で、本文一〇〇ページ、定価二五銭です。

本書は、奇数ページに問題と「着想点」、次ページに「詰手順」と「解説」というシンプルな構成になっています。あとになるほど、問題が難しくなってゆき、特に「第五十番」は、三十五手詰の「難局」です。

著者の塚田正夫(一九一四〜一九七七)は、将棋棋士で、生前に「永世九段」、没後に「名誉十段」を贈られています。「詰将棋作家」としても有名で、ウィキペディアは、「プロ棋士による詰将棋作品集の草分け的存在」として位置づけています。

国会図書館のデータベースによれば、塚田には、二八冊の著書がありますが、そのほとんどが、「詰将棋」関係です。博文館文庫『詰将棋五十番』は、『昭和詰将棋新集』(島田雅弘、一九三二)、『新撰詰将棋』(一九三七、博文館)に続く、塚田が編んだものとしては、おそらく三冊目の詰将棋集だったと思います。

余談・博文館文庫には、「詰将棋の古典」とされる文献も収められている。『将棋玉図』、『将棋精妙』、『将棋図巧』の三冊であるが、いずれも、国会図書館には架蔵されていない。解説を担当しているのは、いずれも、花田長太郎(一八九七〜一九四八)。花田長太郎は、将棋棋士(贈九段)で、塚田正夫の師にあたる。

関口存男《つぎお》著『**素人演劇の実際**』〔57〕は、「愛育社文化叢書6」として、一九四七年（昭和二二）三月、東京都神田区小川町の愛育社から刊行されました。著者の関口存男（一八九四～一九五八）は、ドイツ語学の権威として知られていましたが、学者になる以前は、新劇や無声映画に出演する演劇人・映画人として活躍していました。

関口存男は、戦中戦後、木曽路《きそじ》の妻籠《つまご》に疎開していました。戦後の一九四五年（昭和二〇）一一月末以降、関口は、妻籠の人々のために、素人演劇を指導することになりました。本書『素人演劇の実際』は、その時の経験をもとに書かれたもので、素人演劇の解説書としては、これ以上のものが望めないくらい、わかりやすく、また具体的に書かれています。

ただし、「いつまでも続くお話」（坪内逍遥原作、関口存男脚色）というひとつの演目の演じ方について、全篇を費やして説明する形をとっている本ですので、もう体系的な説明が聞きたかったと感じた読者もいたかもしれません。

今日、国会図書館の検索システムで、「愛育社文化叢書」を検索しますと、由木康《ゆうきこう》『幸福への道』（愛育社文化叢書1）（一九四六）から田辺繁子『女性と法律』（愛育社文化叢書15）（一九四八）まで、九冊がヒットしますが、欠番になっているものも多く、『素人演劇の実際』もまた、そのうちの一冊です。

なぜ架蔵されているものと、そうでないものとがあるのかという事情は、よくわかりません。

愛育社文化叢書が刊行されていた時期は、帝国図書館が、国立図書館を経て、国立国会図書館に移行してゆく時期と重なりますので、そうしたことも、欠番が生じた背景になったのでしょう。

メモ・本書の巻末にある「著者略歴」によれば、「著者は青山杉作氏ら共に踏路社《とうろしゃ》の同人として本邦最初の新劇運動に参加」とある。関口が、村田実・青山杉作らとともに、新劇の劇団「踏路社」を結成したのは、一九一七年（大正六）二月である。

余談・関口存男は、一九一九年（大正八）、村田実・青山杉作らとともに、「映画芸術協会」に参加した。青山杉作が監督した『いくら強情でも』（映画芸術協会、一九二〇）には、関口がメインキャストで出演しているという。

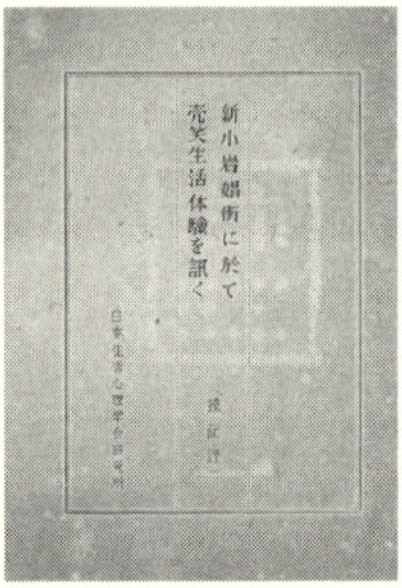

第一版扉

『新小岩娼街に於て売笑生活体験を訊く』（63）は、東京都葛飾区新小岩の「娼街」で、「売笑生活」を送っている女性五人と、岡田甫《はじめ》ほか、日本生活心理学会の会員らが会して開かれた座談会の速記録です。A5判、謄写版印刷、本文三〇ページの小冊子で、ベージュ色の表紙がついていますが、ここには、一切、文字がありません。タイトルは、扉にあったものによりました。

日本生活心理学会研究所が刊行したものですが、奥付がありませんので、発行年月日などはわかりません。ただ、速記録の最後に、「昭二三・四」とありますので、その月、つまり一九四八年（昭和二三）四月より、しばらくあとに発行されたものだろう、と推察されます。

巻頭に、「未曽有《みぞう》の記録について／生活心理学会研究所」と題した文章がおかれています。それによれば、この速記録は、「本会客員及特別会員だけに」贈呈されたもようです。文字通り、「未曽有の記録」で、一種の「秘密出版」と言えるでしょう。

本書の異版として、英字新聞の表紙に、赤字で、「新小岩街娼／売笑生活速記録」と書かれているものがあります。A5判、謄写版印刷で、本文四一ページです。扉に「駐留軍事項を補足したる完全版」とありますので、この異版が、「第二版」であることがわかります。ちなみに、扉のタイトルは、第二版でも、「新小岩娼街に於て売笑生活体験を訊く」となっていて、変わっていません。

第一版では、駐留軍（占領軍）の目を意識し、それに関わる部分を伏せたもようです。第二版では、たしかに、そうした部分が補足されています。そのほかに、第一版で「男が」とボヤかしていたところが、第二版で「黒ん坊が」と修正されている、などの違いが見られます。なお、二版では、一版に比べて、一ページあたりの文字数が、かなり少なくなっています。ページの増加は、その影響が大きく、駐留軍関係の補足は、それほど大幅なものではありません。

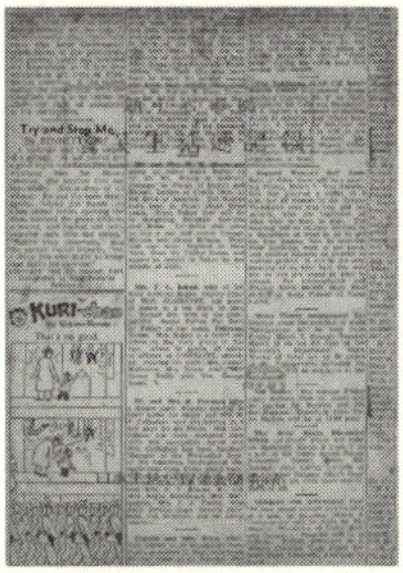
第二版表紙

佐藤紅霞《こうか》著『完全なる日本人夫婦の結婚生活』〔64〕は、一九四八年（昭和二三）五月、東京都世田谷区代田《だいた》の日本コバルト文化協会から刊行されました。四六判、袋綴じで、本文一〇五ページ、定価は「金弐百円」です。

著者の佐藤紅霞（一八九一〜一九五七）は、『川柳変態性慾志』（温故書屋、一九二七）などの著者、『世界性欲学辞典』（弘文社、一九二九）などの編者として知られている性科学者です。

同書の巻末には、藤井美禰子署名の「追記」がありますが、そこに、この本は、「時流におもねつた浅薄《せんぱく》なものではなく先生の青春回想録であり、又その御体験日記に基づく後進の新しきゼナイレイシヨンのための教導書であります」とあります。

著者は、この本で、ある夫婦の生活を紹介することによって、戦後の若い男女に向けて「性道徳」の確立を説こうとしたもようです。たしかに、本書の内容は、真面目で上品です。しかし、そのリアルな描写、真っ赤な装丁などから、煽情的な読み物として手にした読者も多かったのではないでしょうか。

なお、本書が、「先生の青春回想録」だとすれば、ここに描写されているのは、明治の終わりごろの家庭生活ということになるでしょう。本書は、国会図書館には架蔵されていませんが、同図書館憲政資料室のプランゲ文庫で、影印の閲覧が可能です（請求記号HQ-0017）。

三堀三郎著**『医薬の知識』**（68）は、一九四九年（昭和二四）三月、東京都中央区銀座の「財団法人　国民工業学院」から刊行されました。著者は、生活科学研究会委員（東京都薬務課長）の三堀三郎です。本書は、国民工業学院が発行していた「生活科学叢書」の14にあたります。国会図書館には、この叢書に含まれるもの十一件が架蔵されていますが、5にあたる『家庭用刃物』、12にあたる『靴の科学』、そして、14にあたる本書は架蔵されていません。

本書の発行元である国民工業学院は、一九三〇年（昭和五）七月に設立された財団法人です。同年九月に、井上角五郎《かくごろう》が理事長に互選されていることから、この井上が、同学院の実質的な創立者だったと思われます。井上角五郎（一八六〇～一九三八）は、福沢諭吉門下の実業家・政治家として知られています。

この本が発行されたとき、同学院の代表者は、近藤吉雄という人でした。一九四三年（昭和一八）に、井上角五郎先生伝編纂会から、『井上角五郎先生伝』という本が出ていますが（非売品）、その実質的な著者は、近藤吉雄と思われます（奥付に、「編輯兼発行者　近藤吉雄」とあります）。

「産心新書」の一冊、鈴木芳正《よしまさ》著『O型人間』〔87〕は、一九七三年（昭和四八）三月一五日、東京都千代田区西神田の産心社から刊行されました。同じ著者による産心新書『A型人間　血液が動かす人間関係』（産業心理開発協会、一九七二年九月一八日）に続く、「血液型人間学」の第二弾にあたります。いま机上にあるのは、その第一七刷（一九七三年一二月二七日）です。

産業心理学者・鈴木芳正氏には、非常に多くの著作があります。国会図書館のデータによりますと、その数は、二二〇冊を優に越えています。ちなみに、「血液型人間学」の研究では、鈴木氏以上に知名度がある能見《のみ》正比古、能見俊賢《としたか》父子（ともに故人）の著作は、ふたり合わせても一三〇冊強で、鈴木芳正氏に遠くおよびません。

今日、国会図書館に架蔵されているのは、『O型人間』の第七七刷（一九八七年一二月二七日）です。第一七刷と比べますと、「はしがき」に微妙な修正が施されています。そこで、この本も、国会図書館にない本に数えることにしました。

尚、執筆にあたり、『気質と血液型』（目黒宏次・目黒澄子共著）より、多くの資料を引用させていただいたことに深い謝意を表します。

これは、本書「はしがき」の最後にあった言葉です（第一七刷、第七七刷に共通）。それだけではありません、著者の鈴木芳正氏にとって、『気質と血液型』の著者のひとりである目黒宏次氏は、「恩師」にあたっていたようです。第一七刷「はしがき」の最初のほうに、「多年にわたって、著者とともに研究と実践活動を続けてまいりました、著者の恩師、現代心理学研究会会長、目黒宏次先生」という言葉があります。この部分は、第七七刷では、「多年にわたり、研究と実践活動を続けてきた私の恩師である現代心理研究会会長、目黒宏次先生」と修正されています。「著者とともに」が省かれているわけですが、「恩師」というからには、こちらのほうがわかりやすく、事実にも即しているのだろうと考えました。

いずれにしましても、鈴木芳正氏の二二〇冊を越える著作群の原点に、**『気質と血液型』**〈85〉（現代心理学研究会、一九七〇）という本、あるいは現代心理学研究会という研究団体があったことは間違いないようです。

エドガー・ウォーレスほか著、氷川瓏《ひかわろう》訳**『キング・コング』**〈89〉は、一九七六年（昭和五一）八月、東京都新宿区南元町のグロービジョン出版株式会社から刊行されました。この年の一二月に、パラマウント映画『キング・コング』の公開が予定されていましたが、出版社は、それに先駆けて、「映画の原作」を出版しようとしたよ

うです。この本は、国会図書館に架蔵されていない理由は、よくわかりません。

いま、「映画の原作」と申しましたが、正確に言えば、本書は、一九三三年（昭和八）に公開された、RKO映画『キング・コング』の「小説版」の翻訳です。このRKO映画は、エドガー・ウォーレスとメリアン・C・クーパーが台本を作りました。その台本を、デロス・W・ラブレースがノベライズして、映画完成前の一九三二年（昭和七）に、ロンドンで出版しました。この小説版が翻訳され、「キングコングのオリジナル・ノベル」として売り出されたというわけです。こういう場合、著者の表記が難しくなりますが、本書奥付は、著者のところに、エドガー・ウォーレス、メリアン・C・クーパー、デロス・W・ラブレースの三人の名前を連記しています。

本書を読みますと、キング・コングの住む島の名が、「スカル島」であること、そこに向かう船の名が、「ワンダラー号」であること、船は、ニューヨークの対岸ホボーケンから出航し、パナマ運河、ハワイを経由し、日本で石炭を積みこんだあと、「スカル島」に向かったなどのことがわかります。本書を読んだ人は、読んでいない人よりも、数倍深く、『キング・コング』という映画を鑑賞できることでしょう。

3
ローカルな話題、地方出版など（一一冊）

ローカルな話題、地方の出版社が出した本、植民地や海外で出版された本などを紹介してみます。これらの本は、一般的に、国会図書館では閲覧しにくい傾向があります。

一九二五年（大正一四）一月に、台湾の台北市で出版された**『乞食社会の生活』**（12）という本があります。台湾の「乞食社会」についての貴重な報告です。類書は、まず存在しないと言ってよいでしょう。著者は施乾、発行所は、台北市緑町の「愛愛寮」です。代価は「壱円五拾銭」となっています。「愛愛寮」というのは、著者の施乾さんが運営していた救済施設です。

本書は、概説、本説、付録の三部から構成されています。本説は「乞食社会の生活」と題されて

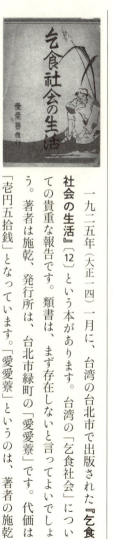

います。これが、この本のタイトルにもなっています。付録は、「乞食救済策」と題する論考です。

このほんの著者の施乾さんと、「愛愛寮」については、近年、研究が進んでいるようです。栃本《とちもと》千鶴さんの博士論文『社会事業家施乾の「乞食」救済事業の展開と継承』（二〇一〇）によれば、施乾（一八九九～一九四四）は、台湾人で、乞食撲滅を目指して「愛愛寮」を設立しました。その死後は、夫人の清水照子（一九一〇～二〇〇一）が、その運営を引き継ぎました。施夫妻は、台湾では有名な人物のようです。

メモ①・台湾の乞食社会には、「李府仙祖」という神（乞食の神）を拝む風習があり、旧暦の四月十一日は、「仙祖生」といって、にぎやかな祭があるという。

メモ②・近現代資料刊行会企画編集『植民地社会事業関係資料集（46）台湾編』（近現代資料刊行会、二〇〇一）は、本書を含め、施乾の著作三点の影印を収録している。ただし、解題・解説は付されていない。

余談・一九九七年二月某日、礫川は、中川道弘さん（故人）経営の「古書上野文庫」で、本書『乞食社会の生活』に目をとめた。当時、『浮浪と乞食の民俗学』（批評社、一九九七年七月刊）を編集中だったが、『乞食社会の生活』を、そこに抄録できたのは幸いだった。

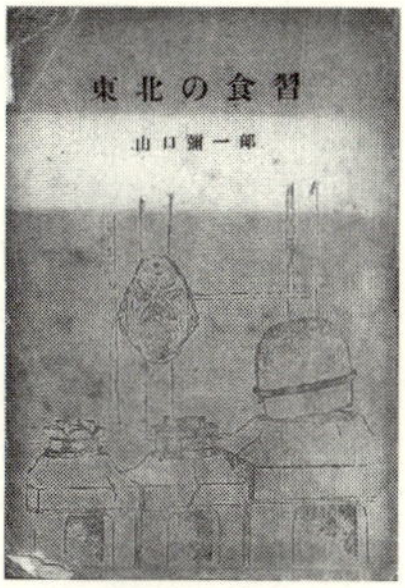

山口弥一郎著**『東北の食習』**〔60〕は、一九四七年（昭和二二）八月、「東北民俗叢書」の一冊として、仙台市東三番丁の河北新報社から刊行されました。B6判で、本文二四七ページ、定価五五円。時代を反映して、用紙は、きわめて劣悪です。

扉の裏に、「東北帝国大学農学研究所の代用食研究報告の一部である」とあります。戦争末期、あるいは敗戦直後、食糧難が深刻化する中で、「代用食研究」がおこなわれたもようです。筆者は、東北に古くから伝わる「救荒食物」や「カテ食習」を調査することで、この研究に参加し、その成果を、このような形で公表したわけです。

著者の山口弥一郎（一九〇二〜二〇〇〇）は、柳田國男門下の民俗学者で、多くの著作を持っています。本書は、東北の食習についての専門書ですが、民俗探訪の記録として読むこともできます。秋田県平鹿《ひらか》郡山内村外山《そでやま》で、佐々木喜太郎さんという農民に出会い、三〇年以上、保存されてきたという大根のカンピョウや、馬鈴薯のイモカテを示されるところ、その一部を、標本として貰い受け、帰宅後に、さっそく試食してみるところなどは、特に興味深く読みました。

本書は、『山口弥一郎選集　7』（世界文庫、一九七三）に、他の著作・論文とともに収められています。同選集は、もちろん国会図書館に架蔵されています。しかし、原本が架蔵されているわけではありませんので、ここでは、「国会図書館にない本」に数えました。

余談・山口弥一郎は、貰ってきたカンピョウとイモカテを、よく洗って飯に炊き込んだところ、おいしいというほどではなかったが、「充分喰ふに堪へ得る」ものだったという。

牛山秀樹《ひでき》著『**御柱の話**』(71)は、一九五〇年（昭和二五）三月、蓼《たて》科《しな》書房から刊行されました。「御柱」は「おんばしら」と読みます。

本書の執筆者ですが、表紙では「諏訪史談会編」、奥付では「著者　諏訪史談会／代表者　千葉正志」となっています。実際には、郷土史研究家の牛山秀樹さんが執筆しています。このことは、「序」および「あとがき」によって明白です。

本書の特色は、第七章「御柱は何の為に建てるか」にあります。ここで、牛山秀樹さんは、四無量四抄説、四無量観、四王擁護説、四菩薩説、独古説、四神祭祀説、風雨鎮祭説、神明妙体説、土地限界説、官殿表示説、神祭料説の十一説を挙げ、最後の「神祭料説」については、さらに、栗田寛説、栗岩英治説、折口信夫説、八代國治説、宮地直一説、「私の説明」の六説を挙げています。この章を読めば、著者の牛山秀樹さんが、いかに周到な研究者であるかがわかります。

本書は、蓼科書房から出された「諏訪史談会叢書」の一冊です。同叢書のうち、牛山秀樹著『諏訪史概説　上』（一九四八）、宮坂英弌《ふさかず》著『原住民族の遺蹟』（一九四八）は、国会図書館に架蔵されています。なぜ、『御柱の話』が架蔵されていないのかは不明です。
なお、蓼科書房は、東京都中央区京橋に本社を持っていた出版社ですが、「諏訪史談会叢書」を企画するなど、ローカル出版社としての一面も持っていました（長野県岡谷市三沢に分室があったようです）。

メモ・諏訪史談会叢書は、『諏訪史概説　上』が第一輯、『原住民族の遺蹟』が第二輯、『諏訪史概説　下』が第三輯にあたる。『寒天の話』という本が出たらしいが、確認できない。したがって、『御柱の話』が同叢書の第何輯にあたるのかは不明。

熱海市役所編**『熱海』**〔75〕は、一九五三年（昭和二八）五月に刊行されました。熱海市役所が発行所になっています。「非売品」となっているのは、関係者にのみ配られたということでしょう。この本は、「非売品」のところに分類してもよかったのですが、ここで紹介してみます。
グラビアページが一六ページ、本文二二〇ページ。さらに巻末には、「観光案内」と称する旅館の広告があって、これが五〇ページ以上続いています。

目次によりますと、沿革、地勢と気候、行政、温泉、名勝・史蹟・伝説、遊覧手引、字名・熱海訛・歌謡・民謡、熱海雑談の各章からなっていて、まさに盛りだくさんの内容です。

このうち、「沿革」の章で、「熱海人車鉄道」を創始した実業家・雨宮《あめみや》敬次郎のことに触れています。少し引用してみましょう。

さまざまの障害を打破して全線開通を見たのが明治廿九年（一八九六）三月一三日、足かけ八年の才月を雨宮氏は此の事業一つにうちこんだのである。この人車鉄道のおかげで小田原熱海間は三時間でゆうにゆけるようになり、料金も駕篭の一円にくらべて六十銭と安く、こうした便宜が熱海の発展にどれ丈《だけ》役立ったかしれない。

メモ①・本書の「熱海雑談」は、熱海に縁がある文士らによる座談会の記録である。そこで作家の志賀直哉は、子どものころ「人車鉄道」に乗って熱海にやってきた、まだ「貫一お宮の小説が書かれる以前」だった、などと語っている。

メモ②・同じ座談会で、広津和郎は、「昭和十九年」（一九四四）に熱海に疎開してきたと語っている。熱海の宿屋は、おおかた軍病院の延長になっているので、空襲はないと予想したからだという。

目良歌比古編著**『壱岐島艶笑民譚』**〔81〕は、一九六一年（昭和三六）一一月に刊行されました。文庫版で、本文五四ページの小冊子です。編著者・目良歌比古さんの「歌比古」は俳名で、目良亀久さんというのが、本名のようです。発行者は、壱岐島《いきのしま》郷ノ浦の平田のぼるさんです。

目良亀久さんは、長崎県壱岐島在住の民俗学研究者で、柳田國男著『山の神とヲコゼ』（寧楽書院、一九三六）には、目良亀久さんの報告が、三ページにわたって採録されているそうです。『壱岐島民俗誌』（一誠社、一九三四）などの著者として知られる山口麻太郎《あさたろう》（一八九一〜一九八七）という民俗学者がいますが、目良と山口とは、同島郷ノ浦の俳句仲間のようです。本書の「序」は、この山口麻太郎が書いています。ここで山口は、「畏友布羅々山人目良歌比古翁は、私の四十年来の学びの友であり、遊びの友であります」と述べていますが、あえて「野痩庵草平」の変名を用いています。

本書は、目良歌比古さんが、「一たび聞けば絶対忘れぬ」という記憶力によって集めた「艶笑民譚」です。後世に遺すにたる貴重な文献だと思います。ところが、奥付には、「私家版十部の内」という言葉があります。これでは、多くの人が参考にすることはできません。せめて、そのうちの一冊を、国会図書館に納本していただきたかったところです。

彭永海著『台湾平地山地のならわしとでんせつ』〔86〕は、一九七一年（中華民国六〇年）六月、中華民国台湾省台北県の彭永海氏によって刊行されました。四六判で、本文一八五ページ、定価は二二〇NT＄です。日本語で書かれていますので、台湾を訪れた日本人観光客などに向けて、出版されたものではないかと思われます。

台湾の「平地人」および「山地人」について、その民俗、信仰、迷信、奇習、伝説などが、わかりやすく紹介されています。学術書ではありませんので、参考文献などの記載はありません。

第一〇章「山地人の伝説」の「四」は、「パイワン族——女の陰部に歯のあった話」となっています。案の定、ヴァギナ・デンタータ（Vagina dentata）＝「歯のある膣」の話でした。この話は、世界各地に存在し、さまざまなバリエーションがあることが知られています。パイワン族の伝説は、以下のようなものです。ピナン社に、「トコ」という美女がいましたが、「歯のある膣」の持ち主として恐れられていました。知本社の頭目「シガシガオ」が、これを娶ります。シガシガオは、最初、犬で試みましたが、犬は「クエン」と叫んで悶死しました。そこで、社人に命じて、その歯を砥石で磨り減らし、その後、シガシガオは、三人の子どもを得たそうです。

本書は、台湾の出版物なので、国会図書館には架蔵されていません。

秋間《あきま》健郎《たけお》著**『恩方　すこし昔の話』**〔92〕は、一九八二年（昭和五七）一二月、八王子市片倉町のかたくら書店から刊行されました。書名にある「恩方《おんがた》」は、かつて、東京都南多摩に属していた村でしたが、一九五五年（昭和三〇）に、八王子市に編入されました。恩方の地名は、今日では、八王子市の町名（下恩方町、上恩方町）として残っています。

著者の秋間健郎さんは、戦後の一九四八年（昭和二三）九月、社会科の教師として、恩方村立恩方中学校に赴任しました。本書でいう「すこし昔の話」とは、秋間先生の指導のもと、昭和二〇年代の中学生が、地元の古老から聴き取った「すこし昔の話」という意味もあるようです。

当時、中学生だった馬場美千子さんは、そのおじいさんに「作物の移り変り」について尋ね、その結果を作文にまとめています。驚いたことに、馬場美千子さんは、おじいさんの言葉を、そのままの形で再現しています。

「おらなんずが子供のころからある作物は、さつまいも、じゃがいも、にんじん、ごぼう、大根、それにきゅうり、とうなすぐれいのもんだんべ」

秋間さんは本書で、中学生が書いた、こうした貴重な作文（聴き取りのまとめ）を、多数、紹介していきます。その一方で、秋間さんは、大正後期から昭和初年にかけて、この村で展開されたという青年団を中心とした文化運動についても触れています。菱山《ひしやま》栄一、松井翠《すい》次《じ》郎《ろう》など、当時の「青年」の名前が出てきます（いずれも、のちに、地域で指導的な役割を果たした人です）。これらもまた、「すこし昔の話」ということになるのでしょう。

松田弘洲著**『ツガル語の謎』**（93）は、一九八五年（昭和六〇）六月、青森市八重田のあすなろ舎から刊行されました。今、机上にあるのは、同年八月発行の第二刷です。「津軽共和国文庫」シリーズの1に位置づけられています。

『ツガル語の謎』のサブタイトルは、「津軽の言葉は訛っていなかった」となっています。一方、本書では、「縄文語」という言葉が使われています（九ページ）。では、松田弘洲氏が本書で説こうとしているのは、津軽の言葉は残存する「縄文語」なのであって、これを「訛っている」と捉えるのは間違いだ、ということなのでしょうか。そのように受け取れるような記述も、ないわけではありません。しかし、これは違います。

松田氏が、本書で強調しようとしたのは、ツガル語には呉音が残っているということなのです。呉国が三世紀に滅亡したため、呉国人が、大挙して日本に渡来します。その呉音の影響が、ツガル語に残っているという解釈です。少し、本文から引用してみましょう。

　鉄をツガル語ではテチという。テツが漢音で、テチは呉音だ。蜜をツガル語ではミチという。ミツが漢音で、ミチが呉音だ。別をツガル語ではベチという。ベツが漢音で、ベチが呉音だ。本州をツガル語ではホンシュという。シュウが漢音で、シュが呉音だ。岩木川をイワギガワとツガル語でいうのは、岩木川は岩木河であって、河をカと読むのが漢音、ガと読むのが呉音。【中略】

　こう考えてみると、なまり言葉というものは、ツガル語のみならず、他地方にもなくてみな、それぞれ〝由緒ある発音〟という事になる。

ツガル語が、三世紀の呉音の影響を受けているように、どの地方の言葉も、それぞれ「由緒」を持っている。決して「訛っている」わけではない。——これが、松田弘洲氏の主張です。

メモ①・今日、国会図書館のデータ検索システムに「あすなろ舎」と入力すると、二件のみがヒットする。そのうちの一冊は、松田弘洲《こうしゅう》著『東日流《つがる》外《そと》三郡誌の謎』（津軽共和国文庫3）（一九八七）。この本は、かなり早い時期に、「東日流外三郡誌」偽書説を展開した本として知られている。

メモ②・松田弘洲氏は、本書一六七ページで、日本人＝「混合民族」説を提示している。この考え方が、どの地方の言葉も、それぞれ「由緒」を持っているという発想の基礎になっていると思われる。

余談①・「縄文語」という言葉は、比較的、最近の言葉である。松田弘洲氏が、すでに一九八五年の段階で、この言葉を使っていることは、注目すべきであろう。ちなみに、阿部順吉著『縄文語の謎』（ふるさと紀行編集部）が出たのは一九九六年六月、小泉保著『縄文語の発見』（青土社）が出たのは、一九九八年六月のことであった。

余談②・小泉保（一九二六〜二〇〇九）は、その著『縄文語の発見』（青土社、一九九八）おいて、京阪的なアクセントの起源は、弥生時代初期の渡来人によってもたらされた中国語「四声」にあるという仮説を示している（第五章「弥生語の成立」）。日本言語学会会長を務めたこともある小泉保の大胆な仮説に比べれば、在野の松田弘洲氏による「ツガル語＝呉音残存」仮説は、かなり控え目なものと言えよう。

『雑賀の今昔』〔94〕は、一九九一年八月、松江市雑賀町《さいかまち》の雑賀郷土史編纂実行委員会から刊行されました。書名の読みは、「さいかのこんじゃく」です。雑賀郷土史編纂実行委員会による編纂ですが、同会の会長は岸賢一氏、編集委員長は中沼郁氏とあります。

本書は、松江という小都市の雑賀町という一地域の住民が、力を

結集し、年月をかけて完成させた「雑賀」の郷土史です。これが大冊で、本文だけで、六八六ページもあります。

このように申しますと、「雑賀」というのは、いったいどういう所だろう、と思われる読者も多いと思います。

雑賀町は、堀尾吉晴が松江を開いたとき、足軽鉄砲衆の居住地と定めたところで、その当時の井然とした町並みが、今日でも昔のまま残っています。ここの住民は、「卒」と呼ばれる低い身分でしたが、その一方で、「万《よろず》役人」という士格に上昇する道も開かれていました。こうしたところから、雑賀町では、質素・勤勉の気風が醸《かも》し出されました。雑賀郷土史編纂実行委員会会長の岸賢一氏によれば、この独特の気風は、「雑賀魂」と呼ばれていたようです。

この雑賀町は、近代以降、政治家の若槻礼次郎（一八六六～一九四九）、岸記念体育館で知られる岸清一（一八六七～一九三三）、演劇史家の伊原青々園《いはらせいせいえん》（一八七〇～一九四一）など、多くの人材を輩出しています。そうした雑賀町だからこそ、『雑賀の今昔』という企画が生まれ、それを立派に刊行

できたのでしょう。それにしても、この本が、国会図書館で閲覧できないというのは、まことに残念なことです。

名雲《なぐも》純一編『明治時代　教育書とその周辺』〔96〕は、一九九三年一月、高崎市八千代町の名雲書店から刊行されました。A４判で、本文二五六ページ、全ページにアート紙を使用、布装、函入りで、定価は五〇〇〇〇円（本体、四八五五五円）でした。

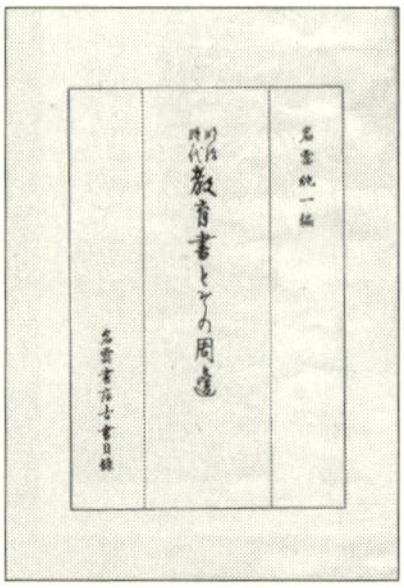

本書・扉

この豪華本ですが、実は、名雲書店という古書店の販売目録です。そのことは、本体および函の背表紙に、「名雲書店古書目録」とあること、また、「名雲書店古書目録　明治時代　教育書とその周辺　価格表」というB５判六ページの印刷物が、挟み込まれていることで明白です。「編輯兼発行者」の名雲純一氏は、名雲書店の店主です。

本書の「例言」に、「本書は、海後宗臣氏旧蔵書を基礎とした教育書の図録である」とあります。明治時代の教育書の図録としても貴重ですし、また海後宗臣《かいごときおみ》（一九〇一〜一九八七）という教育学者の蔵書目録としても、文献的な価値があると思います。

本書に収録されている「古書」は、ほとんど稀覯本《きこうぼん》ばかりで、国会図書館にもない本も相当あるようです。たとえば、〔1〕の『かたわ娘』（慶応義塾出版局、一八七二）がそうです。福沢諭吉の初期の問題作として知られている本ですが、その原本は、国会図書館には架蔵されていません。ちなみに、この古書目録では、六〇万円という古書価になっています。ここに載っている『かたわ娘』本が、その後、誰かに買い求められたのかどうかは不明です。

桜井祥行《よしゆき》著**『熱海碑文集（近現代編）』**〈97〉は、一九九六年一〇月に発行されました。発行所の記載はありませんが、おそらく、著者の桜井祥行さんご自身だと思います。

本文三八ページ、写真付き。巻末に地図五葉が折り込まれています。著者は、熱海市内にあるほとんどすべての碑（ただし、近現代関係のみ）を訪れ、その位置と碑文を確認しています。これが、いかに時間と根気を要する作業であるかは、目的をもって碑を訪ねた経験をお持ちの方であれば、想像がつくことでしょう。そうした意味で、この本は、大変な労作と言えます。

冒頭で紹介されているのは「オールコック碑」です。幕末の日本に赴任したイギリス外交官（駐日総領事、公使）オールコック（Sir Rutherford Alcock）の碑で、なぜか、大湯間欠泉のところにあります。表面には、「羅多保津斗安有留古津久英国美仁須登留」とあります（二か所の「津」は、字が小さくなっています）。これで、「ラダホッド・アウルコック英国ミニストル」と読ませようとしているようです。すぐそばに、オールコックの愛犬トビーの碑「Poor Toby」もあります。

メモ・桜井祥行氏は、静岡県在住の郷土史家で、『伊豆と世界史』（批評社、二〇〇二）、『静岡と世界』（羽衣出版、二〇一四）などの著書がある。

余談・この本は、自費出版と思われるが、礫川はこれを伊東市内の書店で購入した。売価は、「税込み七〇〇円」。「オールコック碑」を知って、これを訪ねたあと、著者の桜井祥行氏に手紙をお送りして、ご教示を得たことなどを思い出す。

オールコックの碑、トビーの碑

4
戦中期の出版物（九冊）

次に、戦中期の出版物を見てみましょう。ここでは、「戦中期」を、日中戦争の開始から敗戦までの期間（一九三七～一九四五）とします。今回、調べてみて感じたことですが、戦中期に刊行された出版物で、今日、国会図書館に架蔵されていない本が、かなりあります。その理由は、今の段階では、うまく説明することができません。

研文書院出版部編・石川雅山書『**興亜国語　新辞林**』〈41〉は、小型の実用辞典です。戦中の一九四一年（昭和一六）三月に、東京市本郷区元町の研文書院から刊行されました。今、私の手元にあるものは、一九四三年（昭和一八）六月発行の第三版です。定価一円二〇銭、特別行為税相当額五銭、

合計一円二五銭。

今日、私たちが目にする実用辞典というと、「ペン字入り」、「和英辞書兼用」をうたったものが、そのほとんどです。ところが、この『興亜国語　新辞林』は、「日支辞書兼用」をウリにしています（「ペン字」もついています）。つまり、ひとつひとつの言葉に、英語ではなく、「支那語」の訳がついているのです。

ところで、この本のタイトルですが、表紙・背表紙・奥付では、「興亜国語　新辞林」となっています。ところが、扉には、「日支国語　新辞林」とあります。この辞典の特徴を端的に表現しているということでは、「日支国語　新辞林」を支持したいところですが、表紙・奥付が、ともに「興亜国語　新辞林」となっている以上、こちらに従うべきでしょう。

さて、この辞典には、「日支辞書兼用」以外に、もうひとつ、大きな特徴があります。それは、巻末に、「日華実用会話」という付録がついていることです。この付録は、全部で四一ページもある本格的なものです。第一篇「単語編」、第二篇「一般会話」、第三篇「軍用会話」に分かれていますが、特に第三篇「軍用会話」がこの時代を象徴しています。

第三編は、歩哨、訊問、巡察、行軍、宿営、徴発及び傭役、工作、宣撫の八項目に分かれています。以下、「訊問」のところを紹介してみたいと思います。いかにも、ありそうな場面だからです。紙数の関係で、支那語訳は割愛します。

訊　問（訊問《チウエヌ》）

お前の姓は何といふか／私の姓は陳です／名は何といふか／名は永祥と云ひます／お前は何者だ／お前は何をする者だ／私は百姓です／私は商人です／何歳か／三十五歳です／お前は何処の者か／私はこの土地の者です／原籍は何処か／今は何処に住んでゐるか／一里程先の××村に住んでゐます／何故お前はこの界隈をうろついていたか／私はこの先の××村に用があるのです／どんな用があるのだ／金を貸してあるので取りに行くのです／嘘を言ふな／お前は字を知つてゐるか／少しは知つてゐます／では、自分の名前を書いてみろ／お前の言葉は早口で聞き取りにくい／少しゆつくり言へ／お前の身体を検べる／着物を脱げ／この怪しい字を書いてある紙は暗号手紙ではないか／いゝえ、それはお守り札です／よろしい、もう帰れ／貴様は怪しいから小隊本部まで拘引する

メモ①・本書の「緒言」に、「一　本書は最近の諸情勢に鑑み、興亜の一助にと日支併用の日常辞典とし、且つペン字の書法を明示した」とある。

メモ②・この辞典を出した研文書院は、今日の光文書院の前身にあたるらしい。光文書院のホームページには、次のようにある。一九二八年（昭和三）、東京市本郷区元町に「研文書院」設立。一九四五年（昭和二〇）、空襲のため社屋焼失、敗戦。同年、疎開先の神奈川県大和市で業務再開。同年一一月、「光文書院」設立。

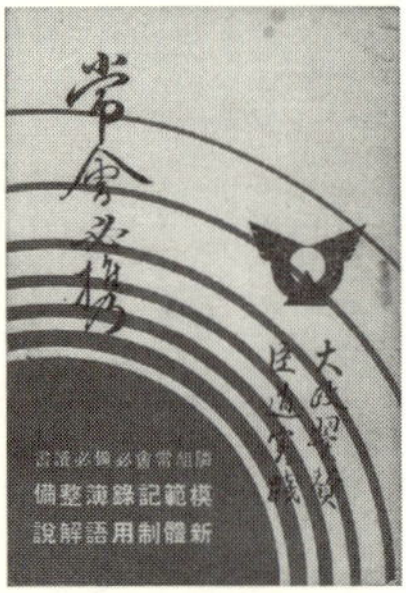

常会研究会編**『常会必携』**〔42〕は、一九四一年（昭和一六）四月に刊行されました。発行所は、東京市神田区神保町一ノ五九の明倫堂書店です。

この本でいう「常会」とは、戦時中に整備された町内会・部落会の会員によって開かれた定期的会合、あるいは、町内会・部落会の下部組織である隣保班《りんぽはん》（隣組《となりぐみ》）の会員によって開かれた定期的会合のことを指しています。この本は、それらの常会を運営するために必要な事項を掲げるとともに、常会の記録簿として使えるように編集されています。

当時、町内会・部落会の上部組織である市町村にも、「常会」と呼ばれる組織がありましたが、本書は、この市町村常会には対応していません。

巻頭に六つの歌の歌詞が挙げられています。順に、「愛国行進曲」、「大政翼賛の歌」、「常会の歌　手をとり合つて」、「隣組」、「国歌」、「靖国神社の歌」です。「常会の歌　手をとり合つて」は、一番から五番までありますが、次に、一番と五番を紹介しておきましょう。

一、手をとり合つて睦《むつ》まじく　伸びる郷土のたのもしさ
あゝ常会のこの集《つど》ひ　胸を開いて語らうよ

五、戸毎《こごと》人毎扶《たす》けあひ　興《おこ》る皇国《みくに》のうるはしさ
あゝ常会のこの集ひ　讃《たた》へて共に進まうよ

余談・類書に、村田亨著『模範隣組と常会のやり方』（清水書店、一九四一年一月）がある。隣組（隣保班）の常会の運営法を詳細に説いているので、関心のある方は、参照されたい（国立国会図書館関西館蔵）。

昭和礼法研究会編**『文部省制定　昭和の礼法』**〔43〕は、一九四一年（昭和一六）六月、興亜日本社から刊行されました。同年四月、文部省は、かねて検討を重ねてきた「礼法要項」を発表しました。これは、「昭和の国民教典」を目指したものでした。『文部省制定　昭和の礼法』という本が、こうした動向に対応したものであったことは言うまでもありません。

本書は、「一般礼法」、「皇室・国家に関する礼法」、「家庭生活の礼法」、「社会生活の礼法」の四部から構成されています。つまり、ありとあらゆる場面における礼法について述べています。「国旗の掲げ方」、「襖のあけ方」、「手土産の出し方」、「ビールの出し方」まで、解説しています。

本書と同時期に、『文部省制定　昭和の国民礼法』（帝国書籍協会、一九四一年九月）、『昭和国民礼法要項』（富文館、一九四二）、『礼法要項要義』（東洋図書、一九四一）、『国民学校児童用礼法要項』（教養研究会、一九四二）といった本が、刊行されています。このころ、「礼法」が、一種のブームになっていたと見ることができます。

ところが不思議なことに、以上の五冊のうち、今日、国会図書館に架蔵されているのは、『文部省制定　昭和の国民礼法』のみで、他の四冊は架蔵されていません。その理由は、不明です。

これら五冊のうち、『文部省制定　昭和の国民礼法』、『昭和国民礼法要項』、『礼法要項要義』、『国民学校児童用礼法要項』の四冊は、日本図書センターから復刻されています（「文献選集近代日本の礼儀作法」昭和編第四巻・五巻、二〇〇八）。

しかし、あとの一冊、つまり、昭和礼法研究会編『文部省制定　昭和の礼法』は、すでに完全に忘れられた存在となっています。ここで、あえて紹介しようとした所以です。

この本は、昭和礼法研究会編となっていますが、実質的な執筆者は、のちに直木賞作家として知られることになる戸川幸夫でした。奥付には、「編者　文部省内文部記者　戸川幸夫」とあります。本書は、そうした点でも、もう少し、注目されてよい本だと言えます。

メモ・文部省は、一九三八年（昭和一三）、作法教授要項委員会を設置して、「礼法要項」の原案を研究、同年のうちに決議が報告された。しかし、その後、急変する事態に対応するための増補がおこなわれ、一九四一年（昭和一六）四月に「礼法要項」の発表がなされた（本書三ページの記述などによる）。

余談・本書一九五ページに、「ビールは、瓶を清潔に洗い、紙をはがし、夏ならば冷くひやし、冬ならば栓を抜いて徳利にうつし、あまりあつくない湯で、体温位ゐにあたためて差し出します」とある。かつては、缶ビールならぬ、燗ビールというものがあったようだ。

門《もん》馬《ま》孝吉《こうきち》著**『作業ヒント百種』**（44）は、一九四二年（昭和一七）八月、東京市京橋区槇町の奨工新聞社から刊行されました。B7判で、一一八ページの小冊子ですが、一〇〇種の作業ヒントは、ことごとく新鮮、もしくは意外性があります。また、すべてのヒントが図で説明されているので、初心者にも有益な一冊であったことでしょう。

定価七〇銭。

著者は、丸い鉄棒にドリルで横穴をあけるときには、同径の丸棒でスリーブを作るとよいとして、スリーブを使った穴あけの方法を図示しています（74）。ベニヤ板を切る刃物としては、西洋カミソリを加工したものがよいとして、その加工の仕方を説明しています（99）。

そのほか、「目次」から、いくつか、「作業ヒント」を拾ってみましょう。

9 スパナの先を丸くせよ／10 針金についたエナメルを取る法／24 作業台の抽《ひき》出し／38 太い棒をかつぐ肩あて／45 パイプレンチの修正／65 ワッシャに鑢《やすり》をかける法／77 沢山のナットを外す時のやとひ／98 手の届かぬ所のナットの嵌《は》め方

著者の門馬孝吉については詳しくありませんが、国会図書館のデータによれば、自動車工学関係を中心に、単著だけで一〇冊の著書があります。

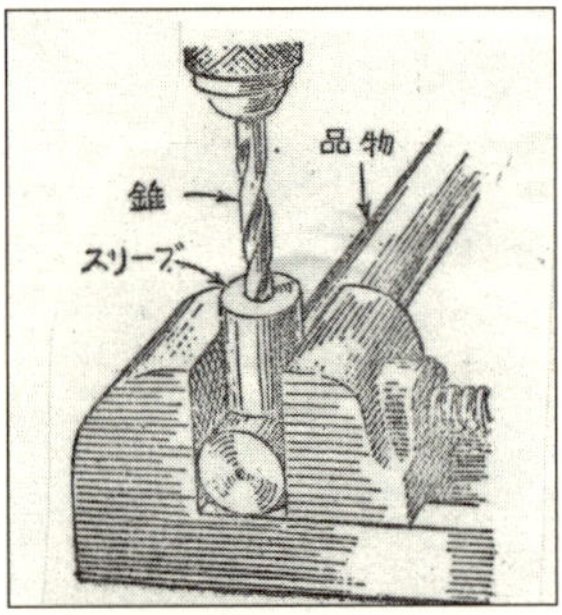

上 (74) の図
下 (99) の図

『日本青少年歌曲集』〔46〕という本があります。藤原草郎《そうろう》編、東邦音楽書房の発行です。私が架蔵しているものは、どういうわけか、奥付の部分が完全に糊付けされてしまっていて、発行年月日、定価などがわかりません。発行年月日については、最終ページ（一四九ページ）にある藤原草郎署名の「覚書」の日付が、「昭和十八年一月六日」となっていますので、その数カ月あとの発行であろう、と推測できます。

本書の編集・発行には、大日本青少年団が関わっているようです。「大日本青少年団鋼領」が冒頭に掲げられ、そのすぐあとに、「大日本青少年団指導者中央錬成所」署名の「推奨の辞」があるからです。

本書には、全部で八二の曲が紹介されています。すべての歌に、歌詞と楽譜が付いています。以下に、「五〇　日本盆踊り」の歌詞を、八二ページから引いてみます。

大日本青少年団撰定　日本盆踊り　竹野秋人作詞（大東亜レコード三〇八一番）
一、揃ろた揃ろたよ田植えの笠が／お国奉公の／お国奉公の　気も揃ろた／ハヨイヨイヨイ　ヨイトナ
二、戦争《いくさ》する気で襷《たすき》もきりゝ／鍬も鉄砲も／鍬も鉄砲も　変りやせぬ／ハヨイヨイヨイ　ヨイトナ

三、風はそよ風稲穂はゆれる／俺《おら》が努力の／俺が努力の　黄金波《こがねなみ》／ハヨイヨイヨイ　ヨイトナ

四、ひゞけ太鼓の音《ね》も朗らかに／唄へ皇国《みくに》の／唄へ皇国の　豊《とよ》の秋／ハヨイヨイヨイ　ヨイトナ

八三ページには、この歌の楽譜が載っており、そこに「飯田景応　作曲」とあります。
本書は、『日本青少年歌曲集』と題されていますが、思春期の青年男女が喜んで歌いそうな歌は、ほとんど入っていません。それもそのはず、編者の藤原草郎は、「覚書」の中で、「この集には特に意図して、映画小唄とか流行歌、都市性の歌の基調をなすところの短調或は陰旋法《いんせんぽう》のものを除いてある」と、述べています。

メモ・本書に収められている歌で、今日でも歌われている青少年歌曲は、「朝だ元気だ」（八十島稔詞・飯田信夫曲）ぐらいか。ただし、その歌詞は、戦後になって、一部、修正された。

余談①・「日本盆踊り」の二番「戦争する気で」の「戦争」には「いくさ」というルビが振られている。しかし、楽譜では、この部分が「せんさぅするーきーーで」となっている。実際に、どちらで歌われたのかは、レコード盤で確認するほかはない。

余談②・「大東亜レコード」は、「大東亜蓄音機株式会社」（旧・株式会社日本ポリドール蓄音器商会。一九四二年、社名変更）における邦楽部門のブランド名。洋楽部門は、社名変更後も「ポリドールレコード」のブランド名を使用したという（ウィキペディア）。

毎日新聞社編**『戦時経済手帳』**〈47〉は、一九四三年（昭和一八）九月、東京都麴町区有楽町の毎日新聞社から刊行されました。A６判で、本文三五一ページ、定価二円一〇銭です。なぜか、今日、国会図書館に架蔵されていません。

本書は、東京日日新聞社・大阪毎日新聞社が、一九四〇年（昭和一五）一二月に刊行した、『新経済メモ』の全面改訂版という位置づけになっているようです。『新経済メモ』のほうは、今日、国会図書館のデジタルコレクションで閲覧できますが、これと『戦時経済手帳』とを比べてみますと、選ばれている項目がまったく一変しており、別の本と考えてもよいくらいです。ちなみに、『新経済メモ』は、一九四〇年（昭和一五）一二月に刊行され、その後、改訂増補を重ねてきた『経済メモ』の全面改訂版だそうですが、この『経済メモ』もまた、国会図書館には架蔵されていません。

各項目の説明は、非常にていねいで、わかりやすいものになっています。今日では、死語になっているような項目も多く、そういう言葉を採り上げ、説明している本書は、きわめて貴重な史料と言えるでしょう。参考までに、そうした「死語」の例を、いくつか掲げてみます（すべて、『新経済メモ』には見られなかった言葉です）。

簡易店舗　犠牲産業　勤労報国隊　鉱山官　工務官　国民勤労訓錬所　綜合切符　抱合せ
調弁価格　敵産　木鉄交造船

岡本勝治著**『少国民と工作機械』**〈48〉は、一九四三年（昭和一八）一二月、中央工学会から刊行されました。著者の岡本勝治は、「池貝チャック」の技師です。

この本は、国民学校を卒業したあと、少年工として、戦時下の工場で働くことになるであろう国民学校生徒を読者として想定しています。著者は、そうした若い読者に対し、「はしがき」で、あるいは「結び」で、熱く語りかけています。

ここでは、「結び」の一部を紹介してみましょう。

今日本は英米と戦争をしてをりますね。どうしても、是が非でも勝たねばなりません。

どうすればよいのでせう!!

それは簡単です。不自由をしのんでも優秀な兵器や弾丸を、どしどし前戦の兵隊さんに送つてあげることです。

兵隊さんが、どんなに勇気があつても武器が無くては、最後のとどめが刺せないのです。

武器を送りませう!!

それも出来るだけ沢山、しかも特急で!!

国民学校を卒業した元気な皆さんが、先生や県の係の方に引率されて、堂々と帝都にやつて参ります。

皆さんを迎へた軍需工場では出来るだけ短期間に立派な産業戦士に訓練し、早く機械を使つて貰ひたいのです。


本文は、施盤《せんばん》・ボール盤・形《かた》削り盤・平《ひら》削り盤・竪《たて》削り盤といった工作機械の紹介が中心となります。筆者は、そうした工作機械の用途やその仕組みを、実にていねいに、また、わかりやすく説明しています。

メモ①・「池貝チャック」とは、「池貝チャック製造㈱」の略。同社は、一九三八年（昭和一三)、㈱池貝鉄工所によって設立された。「チャック(chuck)」とは、施盤などに加工対象を固定する工具のこと。

メモ②・岡本勝治には、本書の他に、『機械現場計算問題解決法』(中央工学会、一九四三)、『すぐ役に立つ機械現場計算便覧』(中村出版社、一九六一)などの著書がある。

西澤巌《いわお》編**『農村共同炊事と育児と栄養』**(49)は、一九四四年(昭和一九)二月、東京都芝区新橋の昭和刊行会から刊行されました。本書は、戦時下、全国の農村で展開された「共同炊事」推進運動、「農繁期保育所」開設運動について、記録し解説した本です。国会図書館のデータを見ますと、当時、多くの類書が出ていることがわかりますが、なぜか、この本は架蔵されていません。

本書によれば、当時、こうした運動をおこなっていた「全国学農連盟」という組織があったらしく、本書の編者・西澤巌の肩書は、「全国学農連盟幹事」となっています(同連盟の会長は、伯爵の有馬頼寧《よりやす》)。

本書は、全国各地で、直接、この運動を推進している関係者による報告を集めたもので、たとえば、京都府与謝郡上宮津村《かみみやづ》の中島せいさんは、「共同炊事」と題する文章で、次のように報告しています。

　農村婦人の農繁期健康保持、消費経済の合理化、労力の調整等に少しでもお役に立てばと隣組を誘ひ六月下旬十日間の共同炊事を実行し、些《いささ》か好結果を得て責任者であり炊事担当者としての私は誠に満足を感じて居ります。わづか十戸《じっこ》家族も合せて三十名の参加者です。【中略】起床三時半身を清め東方遥拝英霊に感謝の黙禱出征兵士の武運長久祈願を捧げて仕事にとりかゝる。飯も上出来味噌汁も加減よし大根おろしも味よく出来た。ほつとして配給にうつる。時に五時十五分。配給は各家より取りに来る。朝食五時三十分。

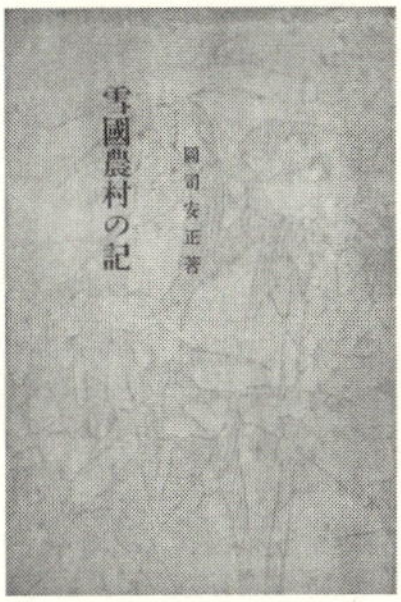

図司《ずし》安正《やすまさ》著『**雪国農村の記**』〔50〕は、一九四四年（昭和一九）六月、東京都牛込区早稲田町の人文閣から刊行されました。この本が、今日、国会図書館に架蔵されていない理由は、よくわかりません。

　著者の図司安正は、この本に先立って、『満洲開拓教本』（雪国協会、一九四〇）、『青少年義勇軍教本』（雪国協会、一九四一）などの本を出しています。満蒙開拓青少年義勇軍などに関わって、「国策」を推進する側にいた人物だったと思われます。

戦中に出ただけに、この本には「雪国と軍隊」などという章があります。随所に、「戦争」を感じさせるような記述があります。しかし、本全体として見ますと、意外なほど、「戦時色」に乏しい本だと言えます。まず、タイトルに戦時色がありません。また、表紙は、一見したところ地味ですが、雪中の竹を描いたと思われるデザインで、戦中とは思えない凝った仕上がりになっています。内容の一部を引いてみましょう。

いつか農家の生活調査をやつてビツクリしたことがあるが、月に二、三回平均で、雪国は餅をついてゐるのだ。それは大東亜戦争以前だから、今と異つて砂糖も豊富だつたせいもあらうし、納豆なども容易に買へたときだつたから、慰安の一つに何かと云へば餅を搗いたのである。

筆者は、炬燵にはいり、窓の雪を眺めながら、この本を書いたと述べています。筆者が、この本で表現したかったのは、平和時の雪国を懐かしむ心持ちだったのかもしれません。

5 戦後占領期の出版物（七冊）

続いて、戦後占領期の出版物を見てみましょう。ここで戦後占領期とは、敗戦から講和条約発効までの期間（一九四五〜一九五二）とします。この時期は、日本の歴史上、稀に見る激動・混乱の時代でした。多種多様な本が出版された一方で、帝国図書館が国立図書館を経て、国立国会図書館に改組されるということもありました。この時期の出版物のうち、かなりの点数が、今日、国会図書館には架蔵されていないことは、容易に想像がつきます。

ところが意外なことに、この時期の出版物の大半が、アメリカのメリーランド大学に保存されているのです。これは、プランゲ文庫と言って、日本が占領下にあったときの検閲資料のコレクションです。

この検閲は、連合国最高司令官総司令部（GHQ）の民間検閲部隊（CCD）によるもので、その対象は、図書、雑誌、新聞、映画、演劇、放送番組はもとより、学級新聞のようなミニコミ誌、郵便、電報にまで及ぶという徹底したものであったと言われています。

資料そのものは、アメリカにありますが、今日、国会図書館の憲政資料室で、資料の影印（マイクロフィルム）を閲覧することができます。

以下に、戦後占領期の出版物のうち、国会図書館に架蔵されていないものを、七冊挙げてみます。なお、プランゲ文庫に保存されていたとしても、国会図書館にその「現物」がないものは、ここでは、「国会図書館にない本」として扱いました。

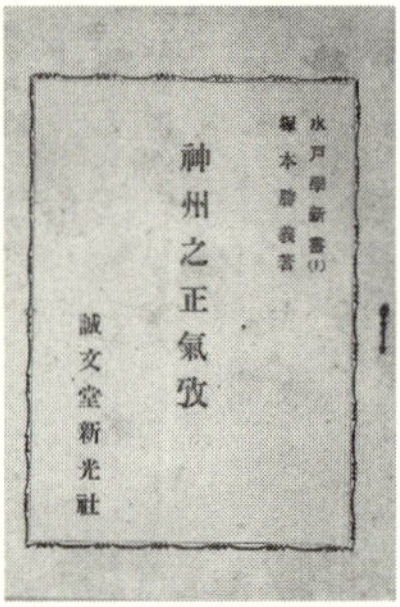

塚本勝義《かつよし》**『神州之正気攷』**〔52〕は、「水戸学新書」の（1）として、誠文堂新光社から刊行されました。本のタイトルは、「しんしゅうのせいきこう」と読みます。「神州《しんしゅう》」は、神の国、すなわち日本のことです（「神州一」というと、日本一の意味になります）。「正気《せいき》」とは、「天地にみなぎっている気」のことです。この本では、この言葉は、藤田東湖《とうこ》（一八〇六～一八五五）の正気思想という意味で使われています。「攷《こう》」は、考とほぼ同義です。

本書は、一九四五年（昭和二〇）九月一日に印刷され、九月一五日に刊行されました。誠文堂新光社は、八月一五日の「敗戦」という事態を受けても、「水戸学」の藤田東湖の正気思想に、なお需要があると判断したのでしょう。

本書は、本文が六〇ページで、ウラ表紙見返しにあたる六一ページに、著者自身による「跋《ばつ》」

が載っています。その跋の日付が「昭和廿年八月二十日」となっていることに、注意したいと思います。そこで著者の塚本勝義は、「人は動《やや》もすれば水戸学を以て固陋な排外的な学のやうに考へ易いが、それが皮相な見解であることは、東湖の正気思想の原流をたづねただけでも反省させられるであらう」と述べています。つまり、著者の塚本は、敗戦後に五日にして、早くも、その記述を修正してきたのです。

また、本書の冒頭を見ますと、そこに、「東湖の思想はすべて現代に生きてゐるが、特にこの正気思想は国難愈々艱難《いよいよかんなん》なる秋《とき》に臨んで強調せられて来たやうに感じられる」という一文があります。この「現代に生きてゐる」という部分は、敗戦という事態を踏まえて、新たに書き加えられたものと思われます。

当然、誠文堂新光社のほうも、こうした微修正を確認し、その上で、この本の出版に踏み切ったのでしょう。

余談・小川菊松は、戦中の一九四三年（昭和一八）九月に、東京の軍人会館で、「空の決戦少年大会」を開催した。その小川が、敗戦直後、『日米会話手帳』で当てた際、「無節操」（変り身の速さ）を批判されたが、「私は市井における一介の商人であり、商魂に徹しようとする一個の人間である」と開き直り、この批判に耳を貸さなかったという。

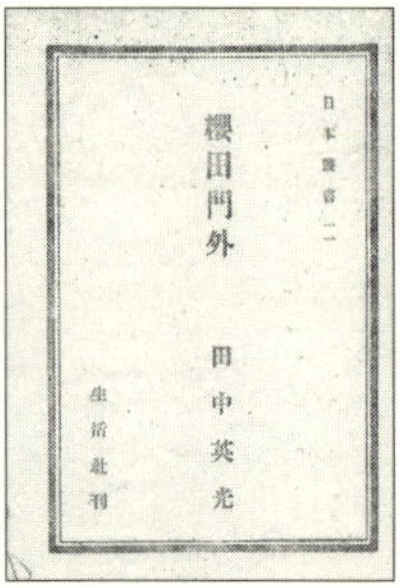

田中英光著『**桜田門外**』〔53〕が刊行されたのは、敗戦から間もない一九四五年（昭和二〇）九月三〇日のことでした。当時、生活社（東京都神田区駿河台）が出していた「日本叢書」の第一一冊にあたります。B6判で、表紙も含めて、三二ページ、定価は六〇銭でした。著者の田中英光（一九一三〜一九四九）は、『オリンポスの果実』で知られる小説家です。

生活社の「日本叢書」は、敗戦の年の四月に、その第一冊『霜柱と凍上』が出ています。注目すべきは、その刊行趣旨です（「刊行のことば」などと、銘打たれているわけではありません）。

> われわれを生み育ててくれた日本　この日本のよいところをもつとよく知り　良くないところはお互ひに反省し　すぐれたものの数々をしつかりと身につけ　どんなときにも　ゆるがず　ひるまず　大きく強く伸びて行く　もととなり力となる　そんな本をつくりたい

あきらかにこれは、「敗戦」を意識して書かれています。生活社の中枢は、敗戦となったそのときでも、「ゆるがず　ひるまず　大きく強く伸びて行く　もととなり力となる」ような本を目指したのでしょう。そして事実、敗戦という現実に直面したあとも、日本叢書は刊行され続け、日本国民に「正しく強く伸びて行く」力を与えました（『桜田門外』の刊行のことばは、「大きく強く」とあったところが「正しく強く」になっています）。ちなみに、本書『桜田門外』が、同叢書の戦後第二冊でした。

余談・「日本叢書」の第一冊は、一九四五年（昭和二〇）四月刊の中谷宇吉郎著『霜柱と凍《とう》上《じょう》』である。この本は、国会図書館に架蔵されているが、検索システムにこの書名を打ち込んでも、「見つかりませんでした」と返ってくる。書名が『霜柱と凍土』と、誤入力されているからである。

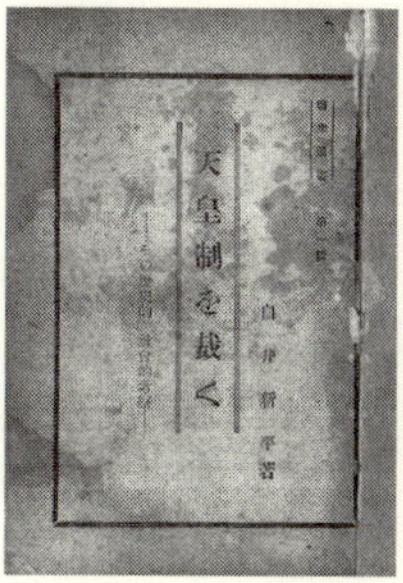

白井新平著**『天皇制を裁く』**〔54〕は、一九四六年（昭和二一）一月、「啓衆叢書第一輯」として、東京都日本橋区室町の啓衆社から刊行されました。B６判で、本文九一ページ、粗末な紙に刷られた小冊子です。

本書で論じられているのは、天皇制は「護持さるべきか、打倒さるべきか、はた解消すべきか」という問題である。敗戦から六か月、早くも、こうした本が登場したわけです。著者の白井新平については、詳しくありませんが、ウィキペディアなどによりますと、アナキストにして実業家であり、競馬界にも深く関与したという異色の人物のようです（一九〇七〜一九八八）。

国会図書館のデータシステムで、その著書を検索しますと、『地方競馬の策戦と馬券戦術』（アキラ書房、一九三六）、『人民憲法の歴史』（啓衆社、一九四六）、『奴隷制としての天皇制』（三一書房、一九七七）、『アナーキズムと天皇制』（三一書房、一九八〇）、『競馬と革命と古代史をあるく』（現代評論社、一九八二）などの著作が確認できます。やはり、タダモノとは思えません。

これら著作のうち、『人民憲法の歴史』は、「啓衆叢書第一輯」として刊行されたものです。これは、現在、「プランゲ文庫」に収められています。

柳田國男著**『笑の本願』**〔55〕は、一九四六年（昭和二一）一月二〇日、奈良県山辺《やまべ》郡丹波市町《たんばいちちょう》の養徳社から刊行されました。敗戦から、わずか五か月後です。本文一九一ページ、一九二ページにあたるところに、貼り奥付が貼られています。発行部数五〇〇〇部、定価は五円五〇銭（税込）でした。

この本には、六つの論考が収められています。すべて、過去に、雑誌などに発表したものです。その初出年代は、「吉友会記事」の一九二六年（大正一五）から、「女の咲顔《えがお》」の一九四三年（昭和一八）に及んでいます。柳田には、過去の論文を採り出し、それを思うがままに配列して、一冊の本を作り出す企画力があり、また、そうした企画を可能にする蓄積を持っていたということでしょう。

本書は、のちに岩波文庫にも収録された名著ですが、どういうわけか、国会図書館に架蔵されていません。養徳社が帝国図書館に納本しなかった、納本はされたが、その後、紛失などの事故が生じた、などのケースが考えられますが、ハッキリしたことはわかりません。

吉田長蔵《ちょうぞう》著**『南朝の正皇系　熊澤天皇の真相』**〔56〕は、一九四七年（昭和二二）三月一日、東京都板橋区板橋町の南山社から刊行されました。本書は、国会図書館憲政資料室のプランゲ文庫で、影印の閲覧が可能です。なお、国会図書館のデータの出版事項のところに、「東京：南山荘，1947」とありますが、これは誤りで、正しくは、「東京：南山社，1947」です。

A5判、本文五六ページの小冊子で、定価、金二五円。紙質はきわめて劣悪で、その紙質がわざわいして、印刷がかすれてしまっているところが少なくありません。

本書は、南朝系こそが「正皇系」であり、熊澤天皇を称する熊澤寛道氏こそが、南朝の正皇系（南朝二十二代）であることを主張しようとした本のようです。しかし、その主張は、印刷と同様、鮮明ではありません。しかし、おそらく戦後、初めて熊澤天皇＝「正皇系」説を公言した文書であり、この小冊子そのものがひとつの歴史的資料であると言えるのではないでしょうか。

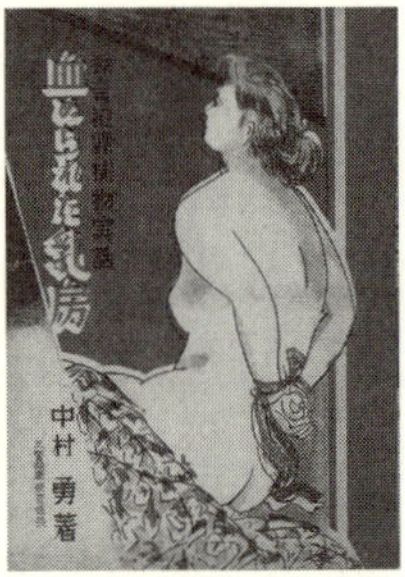

中村勇著**『猟奇犯罪捕物実話 血ぬられた乳房』**〔58〕は、一九四七年（昭和二二）四月、東京都渋谷区代々木西原町の創文社から刊行されました。表紙および扉には、「猟奇犯罪捕物実話／血ぬられた乳房」とあります。背表紙には「猟奇犯罪捕物実話」とあり、奥付には「血ぬられた乳房」とあります。

今、机上にあるのは、同年七月に出た再版です。本書が、国会図書館に架蔵されていない理由は、よくわかりません。ちなみに、この本の初版、再版が出た時点では、わが国の中央図書館は、まだ「帝国図書館」と呼ばれていました（一九四七年一二月に「国立図書館」と改称されます）。

この時期の出版物は、国会図書館に架蔵されていない場合でも、プランゲ文庫にはあるという場合が多いのですが、この本は、プランゲ文庫にも収められていません。この理由もまた、よくわかりません。

本書は、創文社の「大衆読物選」というシリーズの一冊で、同シリーズで、佐山英太郎著『色魔殺人鬼 小平義雄の告白』という本も出ています。ちなみに、『色魔殺人鬼 小平義雄の告白』のほうは、プランゲ文庫に入っていますので、国会図書館の憲政資料室で閲覧できます（請求記号HV-9009）。

著者・中村勇の肩書は、「元警視庁捜査係長」となっています。この本は、かつて中村が、警視庁捜査係にいたころに係わった「猟奇犯罪」四件を扱ったもので、そのうちの一件には、「説教強盗事件」が含まれています。本書では、この事件は、「色魔怪盗『説教強盗』捕縛記」として報告されています。

余談・礫川は、かつて『サンカと説教強盗』（批評社、一九九二）という本を出したが、その際、もっとも重宝したのが、中村勇の「色魔怪盗『説教強盗』捕縛記」であった。また、その簡潔にして達意の文章に学ばせていただいた記憶がある。

林泉編**『容疑者平沢貞道の自白は覆へるか』**〔66〕は、一九四八年（昭和二三）一一月、東京・千代田区西神田の創人社から刊行されました。単行本ですが、造りは雑誌風になっていて、多くの執筆者の文章が収録されています。巻頭には、捜査関係者の「大座談会」が、写真入りで載っています。おそらく、この座談会が、この本の目玉でしょう。

座談会の参加者は、警視庁捜査第一課長（警視）堀崎繁喜、警視庁捜査第一係長（警視）甲斐文助、警視庁第三課第二係長（警部）安達梅蔵、警視庁第一課主任（警部補）鈴木清、警視庁第一課主任（警部補）居木井為五郎、目白警察署捜査主任（警部補）後藤光夫、東京地方検察庁（検事）高木一《はじめ》、東

京地方検察庁（検察事務官）佐々木信雄の八名。いずれも、帝銀事件に深く関与した人々です。これに、司会が加わっています。司会は、「本誌記者」となっていますが、たぶん、本書の編者・林泉でしょう。当然、座談会の基調は、「クロ説」です。

当時、創人社は、「警察官教養雑誌」と銘打った『衆望』という月刊誌（一九四六年九月創刊）を出していました。そういった関係で、本書は、座談会に、これだけのメンバーを集めることができたのでしょう。

このほか、本書には、被告弁護人である山田義夫弁護士の「シロ説」も掲載されています。こうした形で、バランスを取ろうとしたのだと思います。ただし、ここでの山田弁護士の結論は、「黒なら黒とハッキリ納得の出来る根拠を充分示した判決を貰いたい」というものであって、「シロ説」としては、迫力に欠けるところがあります。

いずれにせよ、これだけ興味深い本を、今日、国会図書館が架蔵しておらず、そのために本の存在自体が周知されていないのは、たいへん残念なことだと思います。

メモ・本書は、占領軍による検閲の対象になったはずだが、プランゲ文庫には入っていない。ちなみに、創人社発行の雑誌『衆望』は、プランゲ文庫に保存されている。

6 内部資料、受講用テキストなど（八冊）

ここでは、関係者に配布された内部資料、受講に作られたテキストなどを紹介します。これらは、配付先が限定されている、部外秘になっている、散逸しやすいなどの理由で、一般の読者の目に触れにくい文書です。もちろん、国会図書館に架蔵されている確率も低くなります。

『国民保健体操〔ラヂオ体操〕』（16）は、一九二八年（昭和三）一一月一日に、生命保険会社協会と簡易保険局から刊行されました。本文、わずか二〇ページの小冊子です。表紙に「生命保険会社協会／簡易保険局」とあり、奥付に「発行者　生命保険会社協会／簡易保険局」とありますが、どこにも、著者・編者の名前がありません。

また、定価も書かれていません。

日本のラジオ体操の発端は、逓信省の猪熊貞治簡易保険局監督課長が、一九二三年（大正一二）に渡米した際、メトロポリタン生命保険会社のラジオ体操の企画を知ったことにあるようです。一九二八年（昭和三）五月、簡易保険局・日本生命保険会社協会・日本放送協会が、文部省にラジオ体操の考案を委嘱し、同年一〇月、文部省が「国民保健体操」の名称で、これを発表、同年一一月一日午前七時、昭和天皇御大典記念事業の一環として、東京中央放送局から放送が開始されたそうです（以上、ウィキペディア「ラジオ体操」によりました）。

この小冊子は、その発行日から見て、おそらく、「国民保健体操」の放送開始に合わせて、準備され、関係者に配布されたものと思われます。ちなみに、同体操は、十一の運動からなり、その第一は、「膝を屈伸する運動」になっています。イラストにある演技者は、蝶ネクタイをしており、紳士風です。

今日、国会図書館に、『国民保健体操を語る』（簡易保険局、一九三〇）という本（非売品）が架蔵されています。しかし、同書の原点である小冊子が架蔵されていないのは、何とも残念です。

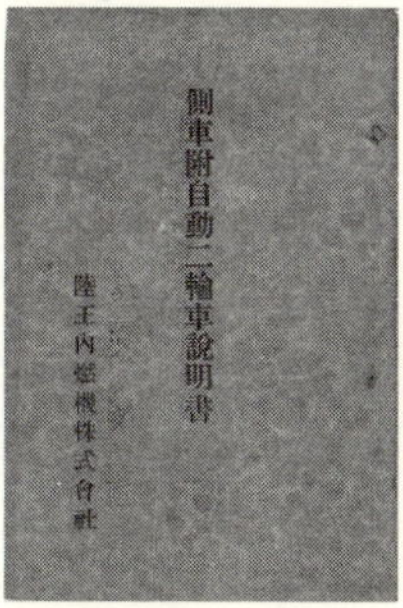

陸王内燃機株式会社編**『側車附自動二輪車説明書』**〔34〕は、一九三七年（昭和一二）七月、東京市赤坂区溜池町の陸王内燃機株式会社から刊行されました。四六判で、本文八二ページ、折り込みの図版二枚がついています。

陸王内燃機というのは、「陸王」という自動二輪車を製造していた会社で、この陸王は、アメリカのハーレーダビッドソンを、そのままコピーした自動二輪車でした。したがって本書は、陸王の取扱説明書であると同時に、ハーレーダビッドソンの取扱説明書を兼ねていました。ハーレーダビッドソンの取扱説明書（サービスマニュアル）を、そのまま日本語訳したものだったようです。

本書の冒頭、「一二〇〇cc型取扱法に就て」に、次のようにあります。

　この取扱法は弊社製造の「陸王」一二〇〇cc型用として編纂したものですが永年《ながねん》弊社が輸入せる米国製ハーレーダビッドソンの御愛乗家各位の御便利のために一九二五年式から一九三六年式に至る各年式一二〇〇cc取扱の重《おも》なる事項を併せて蒐録して置きました。

本書タイトルに「側車附」とありますが、これは、サイドカーが付いているという意味です。サイドカーが付きますと、二輪プラス一輪で、「三輪」になります。

サイドカー付き自動二輪車は、一般に自動二輪車の後輪で駆動します。しかし、陸王一二〇〇cc型側車附には、必要に応じて側車側の車輪を駆動できる「側輪起動車」もあったようです。側輪起動車については、折り込みの図版の二枚目に、その説明があります。

メモ・側輪起動車は、ハーレーダビッドソンにはない、陸王だけのオプションのようだが、詳しいことはわからない。

『幸福への扉　女性の衛生』〔39〕は、小冊子とはいえ、本文一二〇ページで、キチンとした奥付がついています。一九四〇年（昭和一五）三月発行、発行所は、恩賜井之頭《いのかしら》公園南通の貴命堂本家、「非売品」となっています。

よく見ますと、これは、「恵乃玉《めぐみのたま》本舗合資会社貴命堂本家」という製薬会社が、宣伝用に編集した広告冊子なのです。おそらく、セールスマンなどが、販売促進用に用いた広告用冊子だったのでしょう。

この本の編者ですが、扉には、「恵乃玉本舗病薬理研究部婦人奉仕部共編」とあります。奥付の「編輯兼発行人」のところには、畔津九州男という名前があります。

本書を読んでいて、最も興味深かったのは、「全快者」の礼状が紹介されている「治療体験集」の部です。次に、埼玉県北埼玉郡水深《みずふか》村の男性から来たハガキを紹介してみましょう。

謹啓　貴堂益々御隆昌慶賀候《そうろう》さて小生家内病身のため名医にかゝり候へ共《そうらえども》永年子宝無くあきらめ居《お》り候ものに候昨年四月『家の光』誌上御広告により貴堂の恵乃玉の御座候事《こと》を承《うけたまわ》り早速試薬一週間分を戴き更に五週間分を東京支店にて求め使用いたし候処《ところ》其の為《ため》妊娠いたし結婚後八年目にて今年二月男子出生致し候これ全く貴薬の賜《たまもの》なりと厚く御礼申上候先づは一家喜びのあまり御礼傍々《かたがた》御報せ申上候　敬具

こういった「礼状」が、なんと、四五ページにわたって続いています。どこまで信じてよいのかわかりませんが、当時の日本人がどんな病気で悩んでいたかを示す、ひとつの「史料」であることはたしかです。

メモ・埼玉県の男性は、住所・氏名がそのまま挙げられ、ハガキの文面が写真で紹介されている。今日であれば、抗議を受けるところであろう。ただし、他の礼状に関しては、ほとんど名前の一部を伏せ字にしている。

『基礎学教本　発動機』〔51〕は、第二次大戦末期、海軍航空本部によって発行されました。奥付がありませんので、発行日、編集者などは不明です。しかし、目次の上に、「昭和二十年三月編纂」とありますので、発行されたのがそれよりも後であることは、間違いありません。

おそらく、この本は、航空機の生産を担う少年工、あるいは工員養成所の生徒に向けて、基礎教育のテキストとして編纂されたものでしょう。現物が存在する以上、印刷されたことは事実ですが、テキストとして実際に使用される前に敗戦となり、そのまま処分された可能性も否定しきれません。

この本が、国会図書館に架蔵されていないのは、当時の海軍航空本部が、いわば内部の刊行物として、作成・頒布したものだからでしょう。

それにしても、よくできています。当時のものとしては、紙質も上等で、印刷も鮮明です。多数のイラストが載っていますが、そのレベルは、概して高度です。ここで、イラストのひとつを紹介してみましょう。これは、星型発動機の接合棒（コネクティング・ロッド）を示しています。

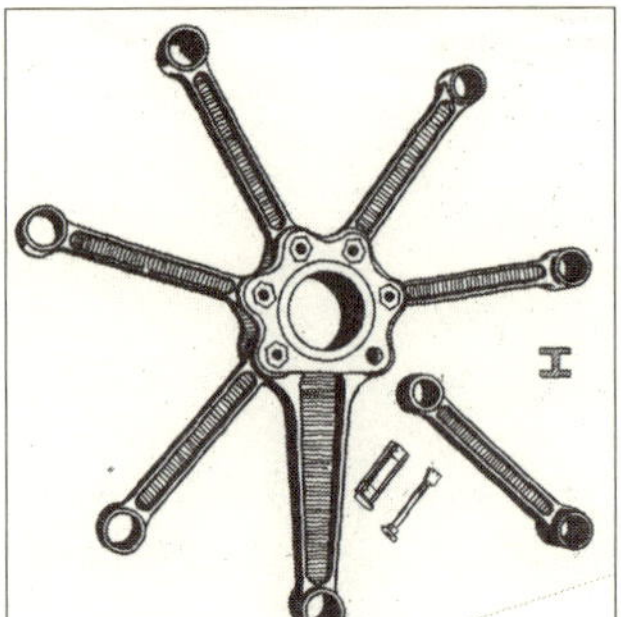
星型発動機の接合棒

メモ①・航空機のエンジンには、シリンダーが放射状に配置される星型発動機と、シリンダーが直列に配置される直列発動機とがある。

メモ②・『基礎学教本　発動機』の末尾には、富塚清の「ねぢ切り一瞬、修理半日」という文章が載っている。富塚清が、この教本の編集にかかわっていた可能性がある。

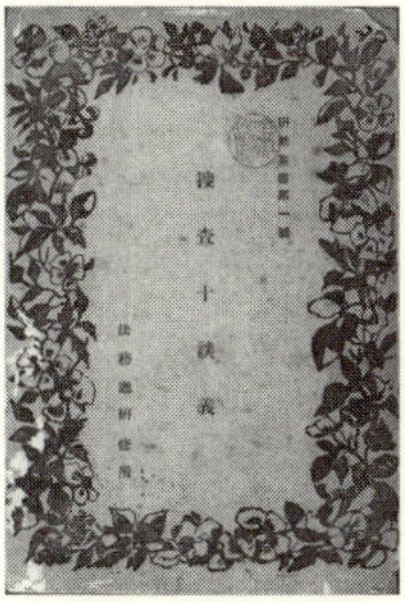

法務庁研修所発行**『捜査十談義』**〈62〉は、サイズも体裁も、文庫本そっくりの冊子で、本文六四ページ、表紙に「研修叢書第一号」とあります。奥付がついていませんので、発行年月日はわかりませんが、冒頭の「編者のことば」に、「昭和二十二年暮　茂見義勝」とありますので、おそらく、一九四八年（昭和二三）の初めに発行されたものでしょう。

この冊子の発行元は、表紙に記されている通り、「法務庁研修所」です。法務庁は、一九四八年（昭和二三）二月一五日に、司法省と法制局が統合されてできた官庁です。この冊子の発行は、一九四八年二月一五日よりあとだった可能性が高くなります。ちなみに、冒頭の「編者のことば」では、「司法省研修所」という言葉が使われています。

この本は、「永年捜査に苦労された、十人の玄人の苦心談を集めたもの」です。そのうちのひとり、清水萬次（元警視庁刑事部捜査第二係長）は、次のような「苦心談」を披露しています。

それから一つ、捜査上大変苦心した話を申上げます。これは右翼関係のもので、只今精神病院に入つて居ります、Oの逮捕の顚末、であります。

彼は錦旗革命から、血盟団事件への、黒幕でありまして、右翼思想運動の指導者であつたのであります。そして、五・一五事件に於きましても、矢張り指導的立場にあつたので、彼の検挙と言うことになつたのであります。当時の東京の検事正は、M氏でありました。Mさんは世間でも知つて居る通り、度胸の良い思い切つてやる性格の方であります。それは丁度日曜でありましたが、私の部屋の全員は、他の事件の調べで急がしく、役所に出て居たのであります。ところが、突然検事正から、今晩Oを逮捕せよ、実は本人は、検事局からの呼出に応じないで、却つて青森県の某所で、Z会の発会式があるので、それに出席すると言つて居る。然しこれは或は高飛びをするためかも知れない、この機会に彼を検挙しないといけない。今夜、上野駅から出発するのを逮捕せよ。令状をそちらにやつておくから、と言うのであります。それが、すでに晩の七時頃の事であります。

ここで、Oというのは、大川周明のことです。また、Z会というのは神武会のことでしょう。清水萬次刑事は、上野駅構内での混乱を避けるため、急遽、列車に乗り込み、列車が出発すると、すぐに、用意した令状を大川周明に示しました。そして、次の停車駅である土浦駅で下車し、車内から手配した自動車で、大川周明を東京まで護送してきたのです。

この話に限らず、この本には、「十人の玄人」が語る貴重な体験談が、数多く含まれています。しかし、法務庁研修所が、部内で活用する資料ということで、当然、国立図書館（一九四七年一二月、帝国図書館を改称）ないし国立国会図書館（一九四八年二月二五日発足）には、納本されなかったものと思われます。

なお、本書は、国会図書館憲政資料室のプランゲ文庫で閲覧できます（請求記号HV-0042）。

メモ①・『捜査十談義』において、「苦心談」を語っている一〇人の肩書は、いずれも「副検事」となっている。本書発行時においては、法務庁研修所副検事、苦心談を語った時点では、司法省研修所副検事ということであろう。

メモ②・清水萬次刑事は、列車が進行を始めると、すぐ令状を執行している。これは、警視庁の管内で逮捕する必要があったからと推察される。

馬屋原成男《うまやはらしげお》編著**『鉄道犯罪の解説』**〔65〕は、一九四八年（昭和二三）六月、東京都中央区日本橋兜町の盛文社から刊行されました。編著者の馬屋原成男（一九〇八〜一九八四）は、刑法学者で、『日本文芸発禁史』（創元社、一九五二）、『風俗犯科帖』（展望社、一九六三）、『刑事法学の理念』（一九八〇、有信堂高文社）など、多くの著書があります。本書執筆当時の肩書は、「鉄道教習所講師／東京地方検察庁検事」です。特に「わいせつ犯罪」に詳しかったもようです。

本書が、今日、国会図書館に架蔵されていない理由は、ハッキリしません。しかし、「はしがき」を読みますと、本書は、筆者が、鉄道教習所で鉄道営業法の講義をする際の、「受講用解説書」として編まれた、ということが書いてあります。このように、配付先が限定された本であったために、出版社が国会図書館に対する納本をおこなわなかったことが考えられます。

本書は、鉄道犯罪（本書においては、「鉄道営業法違反」の意味）について、網羅的な解説をおこなっていますが、「不正乗車罪」については、二一ページにわたって詳述しています。おそらく、受講生の関心・疑問に応えようとした結果でしょう。

メモ・本書「不正乗車罪」の項によれば、乗車券とは、乗車請求権が化体（Verkörpern）された一種の有価証券であって、単なる受領証ではない。乗車請求権を行使するためには、当該乗車券を占有している必要があるという。馬屋原は、このことを「乗車権即ち乗車券」と、巧みに表現している。

菓子商業新報編**『東京都　菓子小売店名鑑』**（79）は、一九五六年（昭和三一）一二月、東京都台東区南稲荷町の菓子新報社から刊行されました。本文六四七ページの大冊、定価は一〇〇〇円です。

本書は、タイトルの通り、東京都の菓子小売店を網羅した名鑑です。「企画して出来あがるまで超スピードで五カ月余、調査に要した延人員八百六十余人」とあります。奥多摩の山奥は言うに及ばず、伊豆諸島全島にも赴いて、調査をおこなったようです。たいへん貴重な資料ですが、国会図書館には架蔵されていません。

ためしに、式根島のところを見ますと、十一の菓子店の名前が挙がっています。奥山商店、精兵衛屋、福本商店、宮房商店、川崎屋、百井商店、式根館、ヤマサ商店、池村商店、前岩商店、植国商店の各店です。それほど大きい島ではないのに、十一もあるのか（あったのか）などと、感心させられたりします。それにしても、よく調べたものです。

ザッと見てゆくと、（屋号ナシ）とある店舗が散見されます。私が生まれた某村の場合、二十七軒の菓子店のうち、（屋号ナシ）の店が七軒もあったのには、改めて驚きました。

なお、本書は、定価がついていますので、市販された本ということになります。しかし、購入者は、仕入れ業者など、ごく一部の人々に限られたと考えましたので、「内部資料」に分類しました。

余談①・『歴史民俗学』の第二四号（二〇〇五年七月）には、道岡義経さんの「駄菓子屋の行方〜東京都西多摩郡瑞穂町箱根ヶ崎の報告」という文章が載っている。これは、『東京都菓子小売店名鑑』に載っている同地域の菓子店が、二〇〇五年現在、どういう状態にあるかを調査した興味深い報告である。一読をおすすめしたい。

余談②・礫川は本書を、今から三十年ほど前、神田神保町の篠村書店（二〇一六年一月閉店）で入手した。

警視庁刑事部総務課刑事資料係編**『刑事資料特集　重要事件検挙事例』**〔80〕は、一九五九年（昭和三四）三月、東京都千代田区霞が関の警視庁刑事部から刊行されました。

本書のタイトルですが、表紙には「刑事資料／特集／重要事件検挙事例」、背表紙には「刑事資料　特集（昭和三十四年三月発行）」、扉には「刑事資料特集／重要事件検挙事例」、奥付には「刑事資料　特集／重要事件検挙事例」とあって、判断に迷います。ここでは、扉の表記に準じて、「刑事資料特集　重要事件検挙事例」としておきたいと思います。

この事例集には、全部で十九件の検挙事例が収録されています。一九五八年（昭和三三）八月の「小松川署管内女子高校生殺し事件」（都立小松川高校定時制の女子生徒が殺され、同校屋上で死体が発見された事件）、同年六月の「横井社長襲撃事件」（東洋郵船の横井英樹社長が狙撃された事件）などです。

写真多数。小松川高校屋上の死体発見現場の写真、横井英樹社長を狙撃した拳銃（ブローニング32口径）の写真なども載っています。

非常に興味深い事例集ですが、その性格上、「部外秘」扱いになっています。当然、国会図書館にも架蔵されていません。

余談●この事例集には、一九五六年（昭和三一）三月の「蔵前署管内集団けん銃殺傷事件」も収録されている。これは、「暴力団」内部の抗争事件で、一般に「浅草妙清寺事件」として知られている。この事件では、射殺された「暴力団」幹部のTが、三年前に刑が確定していたにもかかわらず、刑務所に収監されていなかった事実が明らかとなり、大問題となった。「暴力団」規制のキッカケになった重要事件である。

---

7 小冊子、小型本（八冊）

続いて、小冊子、小型本を紹介します。あまりにも小さな本というのもまた、国会図書館に架蔵される可能性は低くなるのではないかという気がします。

魚住嘉三郎《かさぶろう》編『**新案福引集**』〔5〕は、一九〇七年（明治四〇）、東京市日本橋区大伝《おおでん》馬《ま》塩町《しおちょう》の魚住書店と東京市神田区橋本町の朝野書店から発行されました（発行所が複数にわたることは、明治時代の書籍には珍しくありません）。表紙には、「ハイカラ叢書　新案福引集」とありますが、この「ハイカラ叢書」というのは、本書を含む叢書の名前です。

編者の魚住嘉三郎は、魚住書店の店主と思われ、奥付に、「編者兼発行者　魚住嘉三郎」とあります。明治後期には、「魚住嘉三郎編」の実用書が、魚住書店から十冊以上、出版されています。

「福引」というのは、宴会などでおこなわれる座興のひとつで、出席者が、順次、札を引き、その札にある言葉に応じた景品が、主催者から贈られるというものです。たとえば、「福の神」という札を引いた出席者は、「さくら紙」がもらえます。「拭《ふ》くの紙」（福の神）というわけです。

本書は、前半で、三三五種の言葉があげられ、後半「解答之部」で、その「解答」が与えられています。いくつか、例を挙げてみましょう。

蓮門教《れんもん》―印紙（淫祠）、祭礼―鰹節（だしが出る）、日本の国民―玉子（君（黄身）をまもる）、東京十五区―竹刀（市内）、西洋と支那―羊羹（洋漢）、馬―短冊（立がみが長い）、やれまて―火箸（暫《しば》し）、新婚旅行―男女《なんにょ》の足袋、笑ふ門には―新案福引集

タワイのない語呂合わせですが、いかにも時代を思わせるもの、ほとんど意味が通じなくなったもの、若干の注釈があれば何とか意味が通じるものなどがあって、これまた、ひとつの史料と言えるでしょう。

メモ・蓮門教は、明治初年に北九州で生まれた新興宗教。最盛期には一〇〇万人の信者を擁したと言われるが、新聞などによって「淫祀邪教」と非難され、大正期までに消滅した。

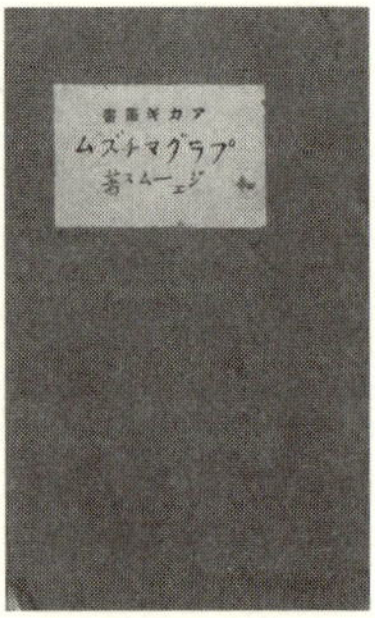

中島萬次郎《まんじろう》著『プラグマチズム』〔6〕は、アカギ叢書の第二編として、一九一四年（大正三）八月一〇日に刊行されました。本文九六ページ、定価一〇銭の小さな本です。表紙に「ジェームス著」とありますが、実際は、中島萬次郎の著書です。

この本にかぎらず、アカギ叢書の発兌元《はつだ》は、すべて「赤城正蔵《しょうぞう》」という個人名になっています。

今、私の机上にある『プラグマチズム』は、同月一八日発行の再版です。その巻末、奥付のウラにあたるページに、アカギ叢書の「広告」があります。見出し部分は、次のようになっています。

日本のレクラム　アカギ叢書
平明　簡潔
〇紳士の標準智識
〇世界学術の叢淵《そうえん》

赤城正蔵は、ドイツのレクラム社のUniversal-Bibliothekに範をとり、「アカギ叢書」を創刊しました。今日、アカギ叢書のことを、「アカギ文庫」と呼ぶ場合があります。これは、後発の岩波文庫が使用した「文庫」という言葉が広まったからです。岩波文庫巻末の「読書子に寄す」には、「吾人は範をかのレクラム文庫にとり」という一節があります。しかし、「レクラム」に範をとったのは、おそらく、アカギ叢書が最初だったと思います。

メモ①・『プラグマチズム』の著者・中島萬次郎は、ジェイムスの『プラグマチズム』以外に、ムーアやマーレーなどの著述も参考にして、この本を書いたという。

メモ②・アカギ叢書の創刊は、一九〇四年（大正三）三月、しかし赤城正蔵は、翌一九〇五年（大正四）三月に肺病で亡くなったため、同年六月発行の『ダーキンの進化論』が最後のアカギ叢書となった。赤城は、二六歳という短命であった（一八九〇～一九〇五）。

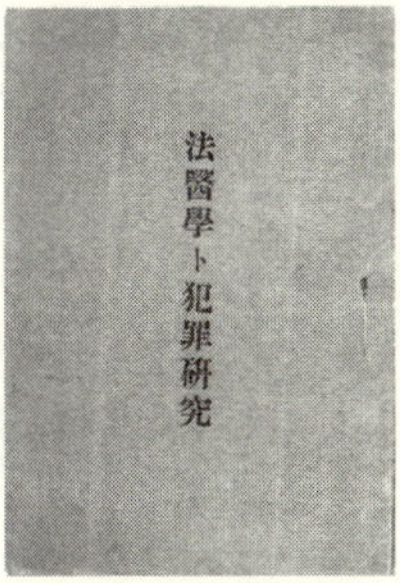

『法医学ト犯罪研究』（10）は、B7判、本文三四ページ、定価一〇銭という小さな本です。いや、本と呼ぶよりは、小冊子と呼んだほうが適切でしょう。重さを計ってみたところ、一五グラムでした。しかし、著者は法医学の権威として知られた小南又一郎《こみなみまたいちろう》（一八八三～一九五四）です。タイトルも立派、目次や奥付も、それなりの体裁を整えています。一九二〇年（大正九）二月、京都寺町のカニヤ書店出版部から出版されました。

この本が、今日、国会図書館に架蔵されていない理由は、ハッキリしません。あまりに小さい冊子なので、架蔵の対象とされなかった、とも考えられます。

今日、国会図書館には、本書とは別に、『法医学と犯罪研究』と題する本が架蔵されています。著者は、同じく小南又一郎、一九二五年（大正一四）、京都市寺町通のカニヤ書店から発行されました。本文、三二一ページ、定価二円の堂々たる専門書です。『法医学ト犯罪研究』と『法医学と犯罪研究』とは、著者も発行所も同じで、タイトルも似ています。しかし両者は、実質的には全く別の本と言ってよいでしょう。

ところが、不思議なことに、大著である『法医学と犯罪研究』は、小冊子『法医学ト犯罪研究』の第二版という位置づけになっているのです。そのことは、『法医学と犯罪研究』の冒頭に「第二版序言」というものがあることで明白です。ここで小南は、「前版は余り堅苦しく書いてあつたから、全部それを平易に口語体に書き直して、本版の総論とし」などと述べています。

それにしても、第一版から第二版に改訂される間に、これほど大きく変化した著作というのは、あまり、他に例がないのではないかと思います。

メモ①・『法医学ト犯罪研究』の本文は、カタカナ文で、句読点なし（濁点はあり）。今日の読者にとっては、読解がきわめて困難な文章になっている。
メモ②・『法医学ト犯罪研究』の「序」に、「コレハ法医学ノぷろぱがんだノ為メノ小冊子デアルカラ」とある。カタカナ文では、外来語をひらがなで表記することがある。

廣瀬豊著**『吉田松陰先生の臨終』**〔36〕は、一九三九年（昭和一四）六月、東京武蔵野書院から刊行されました。文庫版で、本文わずか二八ページの小冊子です。しかし、巻頭には、グラビアで四ページ分の写真があり（東京市十思《じっし》尋常小学校全景、留魂碑、留魂録、伝馬町獄全景）、また伝馬町獄の「獄舎内略図」も折り込まれているなど、なかなかのクオリティになっています。

著者の廣瀬豊（一八八二～一九六〇）は、手堅い松陰研究家として知られ、『吉田松陰の研究』（東京武蔵野書院、一九四三）は、本文七二五ページの大著です。本書『吉田松陰先生の臨終』を出した時の肩書は、「文部省国民精神文化研究所嘱託　海軍大佐」でした。

本書に、一枚の広告がはさまっていました。「吉田松陰先生自筆松下村塾聯《れん》（柱掛）」の拓本の復刻を実費（「無表装」一枚一円、「表装」一幅二円）で提供するというものでした。この拓本は、「日本に唯一枚」で、廣瀬先生の「御秘蔵」とありました。聯の字句は、次の通りです。

自非読万巻書《まんがんのしよをよむにあらざるよりは》　安得為千秋人《いづくんぞせんしうのひとたるをえん》
自非軽一己労《いっこのろうをかろんずるにあらざるよりは》　安得至兆民安《いづくんぞてうみんのやすきをいたすをえん》
丙辰秋日　藤虎書

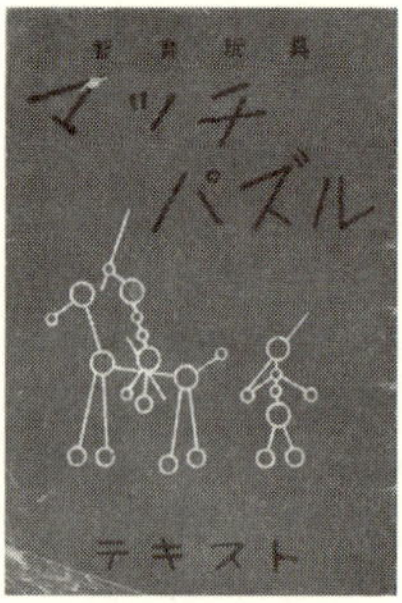

『マッチパズル・テキスト』〔40〕は、本文、わずか二四ページの小冊子、重さは一〇グラムです。奥付によれば、編輯者は張孝巳、発行所は上海公司です。発行年月日の記載はありませんが、巻末の上海公司銀座店の広告に、「慰問用ゲーム玩具の店」という言葉がありますので、戦前のものであることは間違いありません。たぶん、日中戦争が始まった一九三七年（昭和一二）以降に作られたものと思われます。

また、冊子の裏表紙に「物品税六割込」というゴム印が押されていますので、この冊子は、「遊戯具」と位置づけられたもようです。また、この冊子の最初の所有者が、これを店頭で買い求めたのは、物品税法が制定された一九四〇年（昭和一五）以降ということになります。なお、本書には売価の記載はありません。

本書には、全部で五十四図のパズルが載っています。そのうち、四十六図は「正式」のもので、残りの八図は「変則的なもの」です。ちなみに、本書に「正解」は載っていません。

「正式」なパズルのうちから、ひとつ例（第三図）を挙げてみますので、挑戦してください。「マッチ十二本が、田という字の形に並んでいます。ここから二本のマッチを除いて、ふたつの正方形を作るにはどのようにすればよいでしょうか」（問題文は、直してあります）。

メモ・本書の表紙のデザインは、いかにも、その時代の風潮を映し出している。馬に跨って軍刀を振りかざしている指揮官と、銃を担いでそれに従う兵士を表現していると思われる。

余談・上海公司は、戦前、麻雀用具の輸入販売、製造販売の老舗として知られていた。その社長であった斎藤茂勇氏は、戦後まもなく、京劇の名優・梅蘭芳《メイランファン》が愛用した「遊龍戯鳳牌」を入手したという（名木宏之氏のホームページによる）。

新国語研究会編著**『簡明　国語小辞典』**（59）は、一九四七年（昭和二二）七月、教学研究社（大阪市西区）から刊行されました。「小学校の上級生及び中学生諸子のために」編まれた、と巻頭にあります。

Ｂ７判で、総ページは二三〇ページあまり。付録を除いた国語辞典本体は、一三〇ページを占めるにすぎません。文字通りの小辞典です。「る」・「れ」の部など、それぞれ二語しか載っていません。

そうした貧弱な辞典ですが、巻頭では、「この辞典は、普通の漢和辞典を引いたのでは、わからない言葉を、よくしらべたり、研究するためのものです」と、自信のほどを示しています。たしかに、本辞典に採用されている言葉、あるいはその漢字表記は、他の辞典には、あまり見られないものがあります。

この時期は、新旧のかなづかいが切り替わる時期でしたが、この辞典は、巻頭付録で「現代新かなづかい」について解説し、本文では旧かなづかいを使用しています。

いくつか、この辞典に載っている言葉を挙げてみます。独特の漢字表記に、注目していただければと思います。

・あだす（寇す）・いさを（績）・いつきまつる（奉齋る）・いびる（炙る）・うけがふ（諾ふ）・うなる（呻吟る）・うねる（曲る）・うろつく（彷徨く）・おみや（御土産）・くつばみ（口食）・こごし（険し）・ことむく（平く）・ことよさす（言依す）・こんもり（鬱蒼）・さめざめ（潜然）・しぶき（繁吹）・しつらへる（構へる）・すげなし（素気なし）・すずろ（坐ろ）・そばだつ（欹つ）・たなぞこ（手掌）・たばしる（迸る）・つくだ（営田）・てあひ（手間）・とぼける（恍惚る）・なやむ（艱む）・ならずもの（破落戸）・にはたづみ（行潦）・ひまゆくこま（隙行く駒）・ふるふ（顫ふ）・へだつ（阻つ）・ほだし（羈）・みそなはす（臠す）・みまかる（逝る）・もてなす（饗応す）・よすがら（終夜）・ゑむ（咲む）

メモ①・本書の辞典の部の二ページ、「あきつかみ（明津神・現神）」の項で編著者は、「この世の中に人のかたちをなしている神」という意味を挙げたあと、「前に天皇のことを申し上げたが、今は『あきつかみ』でないことを明言されてゐる」と補足している。

メモ②・一九四九年（昭和二四）七月刊の『簡明　国語小辞典』は、タイトルも編著者も出版社も同じだが、判型、装丁、構成、かなづかい、ページ数などが異なる。なお、一九四九年刊の『簡明　国語小辞典』は、国会図書館に架蔵されている。

余談・教学研究社は、一九四七年（昭和二二）五月に設立され、教育書の出版社として知られていたが、二〇一二年七月に倒産したという。

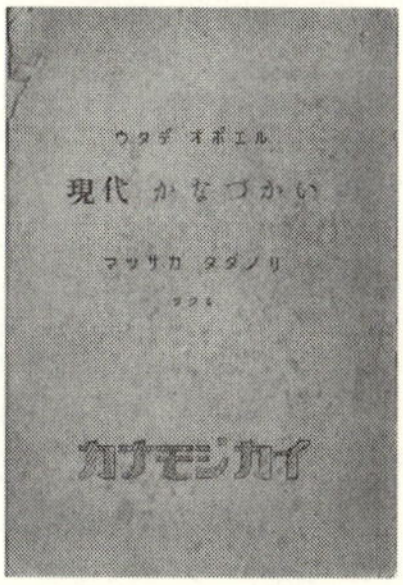

マツサカ　タダノリ作**『ウタデ　オボエル　現代かなづかい』**

〔61〕は、一九四八年（昭和二三）二月、東京都文京区駒込上富士前町の「財団法人　カナモジカイ」から刊行されました。A６判で、表紙・ウラ表紙あわせて、わずか三二ページの小冊子です。定価は一〇円です。

タイトルの通り、この本は、「現代かなづかい」（昭和二十一年内閣告示第三十三号）を、「歌」によって説明した本です。「歌」は、全部で二十三ありますが、そのすべてが、七五調の短文句です。いくつか、紹介してみましょう。

買**わ**ない　買**い**　買**う**　**わいうえお**

に**い**さん　じ**い**さん　**い**　で　のばせ
モ**ー**タ**ー**ボ**ー**ト　棒で引く
ち**ぢ**み　いれ**ぢ**え　うで**ぢ**から　口調で　にごるは　**ち**　の　にごり
つ**づ**み　いも**づ**る　かな**づ**かい　口調で　にごるは　**つ**　の　にごり

こうした「歌」に続いて、簡潔な説明があり、最後に「ちからだめし」二題と、その解答がついています。小冊子ですが、なかなかよくできた本です。

著者のマツサカ　タダノリ＝松坂忠則（一九〇二〜一九八六）は、大正・昭和期の国語学者・児童文学者で、一九四八年（昭和二三）から一九八四年（昭和五九）まで、カナモジカイの理事長を務めました。

山谷《やまや》一郎著『網走刑務所　四方山話』（88）は、一九七三年（昭和四八）六月、網走ニユ《ママ》ース社から刊行されました。文庫版で、本文六二ページ、表紙・本文レイアウトとも、垢抜けたものとは言えません。しかし、網走刑務所を訪れた観光客にとっては、ガイドとしても記念品としても、魅力的な書物だったのではないかと想像します。

本書に、「網走刑務所と映画その他」と題した節があり、谷口千吉監督の映画『愛と憎しみの彼方へ』（東宝、一九五一）に触れています。三船敏郎主演の脱獄モノですが、これは、網走刑務所の「中」で撮影された、最初で最後の映画だそうです。

ロケは、一九五〇年（昭和二五）におこなわれたようですが、ロケ終了後、出演者のひとりであった上田吉二郎《きちじろう》が、講堂で服役者に講演をおこないました。これをキッカケに、上田吉二郎は全国の刑務所をまわって、服役者の矯正に努めることになります。上田の話は、服役者にも職員にも評判がよかったという話です。

メモ・本書の著者・山谷一郎さんは、その後、北海道新聞社から『網走刑務所』（一九八二）という本をだした。五〇〇ページをこえる大著である。しかし、その原点となったのは、六二ページの『網走刑務所　四方山話』であったと思われる。

余談・本書の定価は「弐百円」。当時、岩波文庫は、★ひとつ七〇円だった。それに比べると、この定価は、いかにも高い。

---

8 雑誌の付録（七冊）

雑誌の本体が架蔵されていたとしても、その付録が架蔵されていないということが、まま、あるようです。ただし、すべての付録が、というわけではありません。今日、国会図書館の検索システムで、「付録」あるいは「附録」を検索すると、相当な件数がヒットします。

『世界犯罪隠語大辞典』〔24〕は、一九三三年（昭和八）一月、雑誌『犯罪実話』の同年新年号（第三巻第一号）の「特別付録」として発行されました。『犯罪実話』は、昭和初期に、大同書房から出ていた月刊誌ですが、国会図書館には、一冊も架蔵されていません。したがって、その付録も、国会図書館に架蔵されているわけがないのです。

この本は、西山光・黒沼健編と銘打たれています。その内容をあらためますと、西山光編の「犯罪隠語辞典」と、黒沼健編の「めりけん犯罪隠語集成　附　濠洲囚人隠語集」の二部から構成されていまして、前者を「日本の部」、後者を「英米の部」および「濠洲の部」と位置づけています。この黒沼健というのは、戦後、推理作家・SF作家として知られることになる、あの黒沼健《けん》（一九〇二〜一九八五）のことだと思われますが、確認はできません。西山光については、未詳です。

この本のタイトルに、「大辞典」とあるのは、おそらくジョークでしょう。実際は、B6判一一二ページの小冊子にすぎません。しかし、内容は、なかなか充実していまして、三段組みに、ビッシリと隠語が詰め込まれています。収録されている用語、その説明には、類書に見られないものが散見され、かなり貴重な研究資料と言えると思います。

「めりけん犯罪隠語集成」の末尾に、「濠洲囚人隠語集」というものがを載っている理由は不明ですが（「濠洲」というのは、オーストラリアのことです）、この部分がまた、実に興味津々です。というのは、本書でいう、「濠洲囚人隠語」とは、ロンドンの労働者階級が使用する「コックニー押韻俗語」（Cockney Rhyming Slang）と呼ばれるものと、ほとんど同じものだからです。

メモ・コックニー押韻俗語は、一種の隠語である。たとえば、mouth（口）のことをnorth（北）と言い、water（水）のことをmother（母）と言う。north and south（北と南）のsouthはmouthと同じ韻であり、mother and daughter（母と娘）のdaughterはwaterと同じ韻である。ふたつの言葉の組合せがあって、前のほうの言葉を口にすることによって、うしろの言葉と同韻の、別の言葉を指すのである。

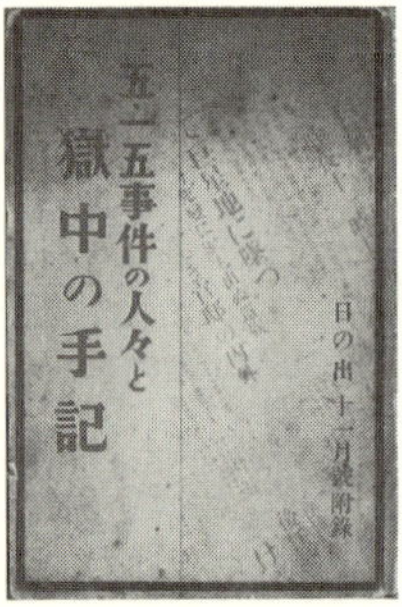

『五・一五事件の人々と獄中の手記』〈25〉は、新潮社が出していた月刊誌『日の出』の別冊付録です。本体は、一九三三年（昭和八）年一一月号です。

四六判で、本文一五九ページ、付録とはいえ、単行本に匹敵する充実した内容になっています。編者の名前は明記されていませんが、奥付には、「編輯兼発行人　佐藤義夫」とあります。

今日、この本を手にして印象的なのは、事件を起こした陸海軍軍人等に対して、きわめて同情的な編集になっていることです。巻頭の口絵（白黒グラビア）は、「海軍側六氏の面影と其の筆蹟」と題されています。「六被告」でなく、「六氏」となっている点に、まず注意する必要があります。その内容は、少年時代の写真、家族の集合写真、書画などで、あたかも「憂国の志士」であるかのような扱いです。当時の大衆あるいはマスコミの中に、事件関係者を英雄視する空気が生じていたことを物語っています。

口絵に続いて、公判の概要、獄中の手記、決行当日の遺書、「五・一五事件の人々」（事件関係者七人の紹介）、陸軍軍法会議傍聴記、海軍軍法会議傍聴記などがあって、最後は、事件直前の場面を描いた劇作家・竹田敏彦（一八九一～一九六一）の「戯曲」となっています。これらの全貌を紹介する紙数がないのが残念です。

メモ・佐藤義夫（一九〇〇～一九六七）は、新潮社の創業者・佐藤義亮《ぎりょう》の長男にあたる。一九三二年（昭和七）、新潮社に入社、戦後の一九四六年（昭和二一）に同社社長となる。一九五六年（昭和三一）に『週刊新潮』を創刊。

『小説　迫れる日露大戦記』〔27〕は、軍事研究家・平田晋策《しんさく》の軍事小説です。タイトルからもわかるように、これから起こりうる「日露大戦」（日本とソビエト連邦との間の戦争）を小説に描いています。新潮社発行の月刊誌『日の出』の一九三四年（昭和九）二月号に、別冊付録の形で発表されました。もし、この小説が単行本の形で、あるいは雑誌連載の形で世に出ていたら、この軍事小説は、もう少し世に知られた存在になっていたでしょう。

この「別冊付録」が、今日、国会図書館に架蔵されていない理由はハッキリしませんが、当時の納本図書館である帝国図書館が、別冊付録等は収蔵しない方針をとっていた可能性も考えられます（なお、一九三四年二月号の「本誌」は、国会図書館に架蔵されています）。

著者の平田晋策（一九〇四～一九三六）は、かつて暁民《ぎょうみん》共産党事件（一九二〇）で検挙されたことがあります。その後、転向して軍事研究家、軍事小説家として知られるようになりました。一九三六年（昭和一一）、出身地の赤穂《あこう》から衆議院議員選挙に立候補しましたが、その選挙運動中に、自動車事故にあって死亡したとされています。

今日、インターネットから、平田晋策に関するさまざまな情報が得られます。しかし、『迫れる日露大戦記』に触れたものは、いまのところ見あたりません。まさに、忘れられた作品だと言ってよいでしょう。

なお、同書の「はしがき」の中で、平田は、「著者として特に遺憾に堪えないのは、その筋の注意により、二、三ある部分を改竄《かいざん》、或は削除を余儀なくせられたことである」と述べています。たしかに、本文を見ますと、随所に伏字（○○○）が見られます。それだけ、この軍事小説が「真に迫る」ものであったことを物語っています。

メモ①・この小説では、日ソ戦は、某年四月一日、満洲国の東国境からのソビエト連邦軍の奇襲によって開始されるということになっている。
メモ②・対ソ戦争を意識した関東軍特別演習がおこなわれたのは、一九四一年（昭和一六）七月。すなわち、この小説の発表からの七年後のことであった。
余談①・檜山《ひやま》良昭氏の小説『ソ連本土決戦』（一九八三、光文社）では、日ソ戦は、一九四一年八月、日本軍の謀略によって開始されることになっている。
余談②・平田晋策の兄は、医学者の平田内蔵吉《くらきち》。劇作家の平田オリザ氏は、平田内蔵吉の孫にあたる。

キング編輯局編『一問一答　新語新問題早わかり』〔38〕は、大日本雄弁会講談社（今日の講談社）が出していた月刊誌『キング』の別冊付録です。本体は、一九四〇年（昭和一五）一月一日発行の新年号（第一六巻第一号）です。

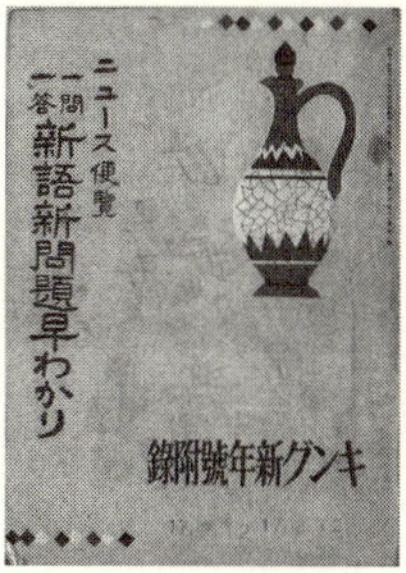

文庫版で、本文二五三ページ、当時の「新語」や「新問題」を、一問一答の形で、詳しく、わかりやすく解説しています。今日では、死語になってしまったような言葉もあります。例を挙げてみましょう。

【問】近頃いはれてゐる『電髪』といふのはどういふものですか。
【答】電髪とはパーマネント・ウエーブの事です。パーマネント・ウエーブは我国に輸入されて以来、十数年原語のまゝパーマネントで通用されてをりましたが、昭和十四年（一九三九）六月精動委員会（国民精神総動員委員会）が『パーマネント廃止』を生活刷新の一項目として取り上げましたので、業者はその対策を協議すべく『大日本電髪自粛理容連盟』というものを臨時に組織しました。電髪なる言葉は、こゝで始めて登場したのであります。【以下略】

このほか、「一日戦死」、「ガソリン代用木炭」、「Qシップ」、「C・C団」、「赤バイ」、「店員道場」といった言葉の説明もあります。史料としての価値は高いと考えます。

『最新流行歌謡大全集』〔70〕は、ロマンス社が発行していた月刊誌『ロマンス』の第四巻第一二号（一九四九年一二月）の別冊付録です。本文一四四ページで、そのほとんどの部分は、当時の流行歌の歌詞の紹介になっています（一部には、楽譜も付いています）。

冒頭は「花形歌手名鑑」というグラビアになっていて、歌手の顔写真の下に、芸名と所属レコード会社があり、それに続いて、①本名（年齢）、②現住所、③出身地、④とくいの歌、⑤趣味が挙げられています。

これらをすべて紹介したいところですが、紙数の関係で、**芸名**（所属レコード会社）と「とくいの歌」のみを紹介してみます（「とくいの歌」が複数ある場合は、一曲のみを挙げました）。また、レコード会社名は、略称で示しました（ポリドール＝P、ビクター＝V、コロンビア＝C、キング＝K、テイチク＝T）。

青山一郎（P）「さらば港よ」／**青葉笙子**（P）「鴛鴦道中」／**暁テル子**（V）「南の恋唄」／**伊藤久男**（C）「シベリア・エレジー」／**井口小夜子**（K）「みかんの花咲く丘」／**市丸**（V）「濡れツバメ」／**池真理子**（C）「さよならワルツ」／**小畑**《おばた》**実**（K）「長崎のザボン売り」／**岡本敦郎**（C）「青いガス灯」／**音丸**（K）「船頭可愛や」／**近江俊郎**（C）「山小舎の灯」／**岡春夫**（K）「東京の花売娘」／**笠置シズ子**（C）「東京ブギウギ」／**勝太郎**（T）「島の娘」／**霧島昇**（C）「誰か故郷を思わざる」／**菊池章子**（T）「星の流れに」／**日本橋きみ栄**（P）「蛇の目のかげで」／**小林千

代子（P）「涙の渡り鳥」／**三條町子**（K）「夜のバラ」／**菅原都々子**《つづこ》（T）「片割れ月」／**東海林**《しょうじ》**太郎**（P）「赤城の子守唄」／**高峰三枝子**（C）「純情二重奏」／**高倉敏**《びん》（C）「恋のマドロス」／**竹山逸郎**（V）「泪の乾杯」／**田端義夫**（T）「別れ船」／**津村謙**（K）「流れの旅路」／**波岡惣一郎**（V）「男の意地」／**ディック・ミネ**（T）「ダイナ」／**奈良光枝**（C）「悲しき竹笛」／**林伊佐緒**（K）「麗人草の歌」／**灰田勝彦**（V）「恋はバラの花」／**服部富子**（V）「満洲娘」／**平野愛子**（V）「港が見える丘」／**藤原亮子**（V）「月よりの使者」／**山中みゆき**（P）「好いて好かれて」／**二葉あき子**（C）「村の一本松」／**藤山一郎**（C）「青い山脈」／**ベティ稲田**（T）「マリヒニメレ」／**松田トシ**（C）「村の娘」／**松原操**（C）「並木の雨」／**松島詩子**《うたこ》（K）「夜のタンゴ」／**松平晃**（P）「急げ幌馬車」／**三門**《みかど》**順子**（K）「ソーラン節」／**三原一夫**（P）「君呼ぶギター」／**吉岡妙子**（V）「青い小径で」／**渡辺はま子**（C）「蘇州夜曲」／**淡谷**《あわや》**のり子**（K）「別れのブルース」

さて、今日、国会図書館の新館書庫には、『ロマンス』のバックナンバーが架蔵されています（請求記号Z31-260）。第四巻第一二号（一九四九年一二月）もあります。ただし、これは「本誌」があるということで、別冊付録は保存されていないと思われます。

このように申しますと、憲政資料室のほうにも、『ロマンス』のバックナンバーがあり（VH1-R425）、そこには、「臨時増刊号、付録とも」と注記されているではないか、と指摘される読者があるかもしれません。しかし、これは「プランゲ文庫」といって、閲覧は可能ですが、資料の現物があるわけではないので、今回、『最新流行歌謡大全集』を、「国会図書館にない本」として扱いました。

メモ・「花形歌手名鑑」に、「市丸」、「音丸」、「勝太郎」という名前が見えるが、すべて女性である。市丸は、江戸小歌市丸とも称し、芸者歌手。勝太郎は、小唄勝太郎とも称し、これも芸者歌手。音丸は、主婦出身のレコード歌手で、芸者ではなかった。

余談・花形歌手名鑑では、各歌手の「趣味」が紹介されているが、それに「飲食物」が書かれている場合があって、興味深い。伊藤久男「酒」、笠置シズ子「果物」、菊池章子「アイスクリーム」、菅原都々子「ソーダ水」。

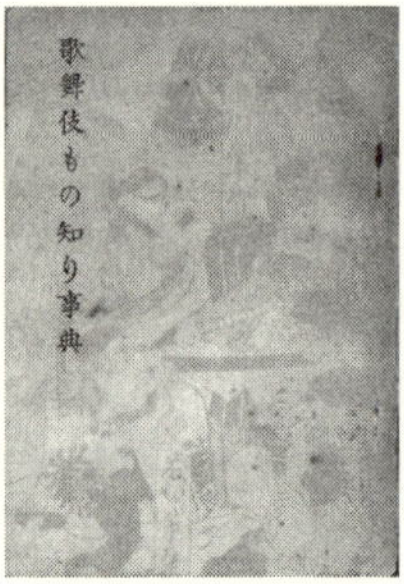

演劇界編集部編**『歌舞伎もの知り事典』**〈74〉は、月刊誌『演劇界』（演劇出版社）第一一巻第一号（一九五三年一月）の別冊付録です。文庫版で、全一二八ページ。奥付はなく、扉のウラに「演劇界編集部編」とあります。

この事典の特徴は、項目（見出し語句）の選び方が適切で、説明がわかりやすいことです。辞典類には珍しく、「ですます」の文体を採用しています。ひとつ、例を挙げてみましょう。

稲荷祭　江戸の芝居の年中行事《ねんじゅう》のうちの一つで、初午《はつうま》の日に、楽屋《がくや》で行つたお祭りのことです。楽屋のお稲荷さまの祀つてある〔**稲荷町**〕の役者が主になつて、名題《なだい》役者たちから寄付を貰つて、地口行灯《じぐちあんどん》を吊つたり、藤棚を飾つたりして、お囃子《はやし》は神楽《かぐら》を奏して、芝居の打出し後に酒宴を開きます。謂わば下級の役者たちのどんたくみたいなものです。その時の御《ご》馳走《ちそう》に田楽《でんがく》を作つて振舞いますが、味噌を使わないで、醤油だけにするのは〝味噌をつける〟のを忌《い》んだからです。いかにも芝居の世界らしい縁起です。

ルビは、引用者が付けました。「稲荷祭」は、「いなりまつり」と読みます。〔**稲荷町**〕とあるのは、同事典に、この項目が立てられていることを示します。稲荷町（いなりまち）は、最下級の役者をあらわす隠語で、楽屋の「お稲荷さま」が祀ってあるあたりに雑居していたことに由来するそうです。

メモ・雑誌『演劇界』は、戦中の一九四三年（昭和一八）一一月に創刊された。発行所は演劇出版社。今日でも刊行され続けている（二〇〇七年から、発売が小学館となる）。
余談・稲荷祭の説明中に「どんたく」という言葉が出てくる。オランダ語のzondag（日曜日）に由来する言葉で、「休日」の意味である。

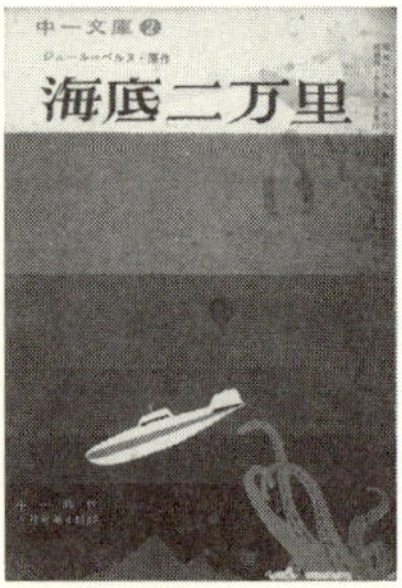

ジュール・ベルヌ原作、（文）塩谷太郎の**『海底二万里』**〔82〕は、一九六五年（昭和四〇）五月に刊行されました。正確に言いますと、旺文社の学習雑誌『中一時代』の一九六五年（昭和四〇）五月号（第一〇巻第二号）の「第四付録」、「中一文庫」の②として、世に出ました。文庫版で、本文、九六ページ。

「塩谷太郎訳」でなく「（文）塩谷太郎」となっているのは、塩谷太郎の文責で原作を要約したという意味でしょう。最後のページに、塩谷太郎による「かいせつ」がついています。少し、これを引用してみましょう。

> ベルヌは科学者ではありませんでしたが、たいへんな勉強家で、独学で科学を学び、そのころの新しい科学知識をもとに、すぐれた科学小説をたくさん書きました。
>
> ベルヌは「だれかが考えたことは、かならずだれかが実現する」といいましたが、そのことばどおり、ベルヌが作品の中で考えたことは、その後、一つ一つ事実となってあらわれています。

中学生の向学心を、巧みに刺激する文章になっています。著者の塩谷《しおや》太郎（一九〇三〜一九九六）は翻訳家で、国会図書館のデータで検索すると、二一九件がヒットします（すべて翻訳書）。

9　児童書、学習参考書など（一〇冊）

児童書、学習参考書なども、国会図書館に架蔵されていない場合が多いようです。理由はいろいろでしょうが、昭和前期に関していえば、やはり、保存するに値しないと判断されたからではないでしょうか。

三兼大石《みかねだいせき》編『**受験模範作文集**』〔18〕は、一九三〇年（昭和五）九月、東京市神田区神保町の芳文堂から刊行されました。今、机上にあるのは、一九三七年（昭和一二）一一月に刊行された第三〇版です。本書は、高等学校、専門学校を目指す受験生のための参考書です。わずか七年間で、これだけ版を重ねたということは、受験生の需要に応えるだけのものを備えていたということでしょう。

本書が、今日、国会図書館に架蔵されていない理由はハッキリしません。当時、帝国図書館の担当者から、単なる受験参考書で保存に値しないと見なされた可能性もあります。しかし、そうだとすると、同じ編者による姉妹編『学生模範作文集』(芳文堂、一九三三)が、国会図書館に架蔵されている理由が、説明できません。

本書は、受験生がこれを読むことによって、みずからの「作文」の実力を養えるように編集されています。とはいえ、作文のノウハウは、一行も説かれていません。ただ単に、一〇〇種の「模範作文」が並べられているだけです。個々の「模範作文」について、編者が解題や解説をおこなっているわけでもありません。非常に安直な本だとも言えるわけですが、そのシンプルさが、逆に強みになっているのかもしれません。

本書に収録されている「作文」は、旧時代の「徳目」を説いているものがほとんどで、今日の私たちが、関心を持って読めるようなものは、ほんの数篇でしょう。その数少ない例外のひとつが、吉村冬彦の「都会と田舎」です。優れた文章というのは、年月を経ても鑑賞に堪えるということが実感できます。

メモ・本書で、吉村冬彦の「都会と田舎」として、紹介されている文章は、吉村冬彦(本名・寺田寅彦)のエッセイ「田園雑感」(初出、一九二一)の一部である。ただし、編者によって、ほしいままに改変がなされている。

本書・扉

中島義一著**『こども宗教論　ヨルダンの流』**〔22〕は、「こども哲学叢書」の第六編として、一九三一年（昭和六）一〇月、文教書院から刊行されました。「流」は「ながれ」と読みます。著者の中島義一（一八九三〜一九三三）は、千葉県師範学校教諭兼訓導、兵庫県立豊岡中学校教諭などを務めた教育者です。自由主義教育の理論家、実践家として知られ、多くの著作があります。

「こども哲学叢書」全七編は、おそらく他に類のない貴重な試みです。四〇歳という若さで亡くなった中島義一という思想家、教育者をふりかえるという意味でも、重要な文献です。しかし惜しいことに、今日、国会図書館に架蔵されているのは、そのうちの四編分のみです。

次に、同叢書のタイトルなどを挙げます。

第一編	こども認識論	林檎の味	一九二四年一二月
第二編	＊こども倫理学	バベルの塔	一九二五年六月
第三編	こども論理学	プロメトイスの火	一九二七年一一月
第四編	＊こども美学	橄欖の花	一九二九年八月
第五編	＊こども心理学	自由の翼	一九三〇年七月
第六編	こども宗教論	ヨルダンの流	一九三一年一〇月

第七編　＊こども人生観　スフィンクスの謎　一九三一年一一月

このうち、国会図書館に架蔵されているのは、第二、第四、第五、第七の各編です（＊印）。第一編は、二〇〇三年一月に、紫峰図書という出版社が復刻版を刊行し、これは国会図書館に納本されていますから、それを勘定に入れますと、全七編のうち、五編分が架蔵されているということになります。

青木菱雄著『興味ある歴史年代暗記法（日本篇）』〔28〕は、一九三五年（昭和一〇）二月、東京市麹町区富士見町の健文社から刊行されました。定価五〇銭です。歴史の年代を「語呂」によって暗記する方法を解説した本です。受験用の参考書、それもかなり特殊な参考書で、もちろん、一般の読者を対象とした本ではありません。今日、国会図書館に、この本が架蔵されていないのは、そうしたこの本の性格と無関係ではないでしょう。

年代暗記法と言えば、すぐに、「鶯《うぐいす》鳴くよ（七九四）、平安京」（平安遷都）、「いち早く（一八八九）、伊藤博文、憲法作る」（帝国憲法発布）などを思い出します。これらは、いずれも、西暦の年号を覚える方法です。

ところが、この本で紹介されているのは、「日本皇紀」の年号を覚える方法です。一例を紹介してみましょう。

二二七　参勤交代の制を定む――自分で来い（二二九五《じぶんでこい》）

参勤交代の制は家光の寛永十二年（一六三五）定められた。諸大名交番に江戸に在勤することで、一年毎《ごと》に交代する。それも代人ではいけなく、必ず自分で来い（二二九五《じぶんでこい》）といふのである。幕府と諸藩とを親密にするといふのが理由だが、実は諸大名の叛乱を防ぐために設けられた制度である。

「参勤は自分で来いと言渡し。」

「自分で来い」と記憶すると、「二二五一」と勘ちがいしてしまいそうですが、いまさら心配したところで、どうにもなりません。

全体に、この本はよく出来ています。解説が簡潔でわかりやすく、特に、項の最後にある「川柳」が傑作ぞろいです。三つほど紹介しておきます。「蘭丸の二字呼ぶ《二二四二》声や本能寺」、「義士の中二三老人《二三六二》混りける」、「長州勢蛤御門《はまぐりごもん》に不意に《二五二四》寄せ」。

――メモ・皇紀の年号から660を引くと、西暦の年号に変換できる。ただし、皇紀元年から――

皇紀660年までの間については、661を引かなくてはならない。

児童教育研究会編**『児童図解百科辞典』**〔30〕は、一九三五年（昭和一〇）一二月、東京市品川区下大崎の明成館書店から刊行されました。ほとんど全ページに、グラビヤ写真の多色刷りの図版が使われている児童向けの学習図鑑です。二六八ページで、定価は一円です。

あらゆる図解や統計があって、各国の皇室費の比較などというものもあります。それによれば、日本の皇室費は、四五〇万円で、これは、イギリスの五九二万円、イタリアの五八二万円についで、第三位です（第四位は、ベルギーの一二七万円）。

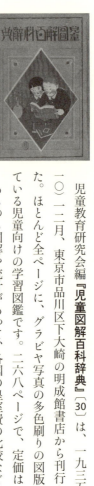

「諸国の珍しいお菓子」を紹介しているページもあります。以下のようになっています。

京都　聖護院八ツ橋、粟羊羹、喜撰糖、ういろう。大阪府　粟おこし、夜の梅（鶴屋八幡の羊羹）。長崎県　カステラ。新潟県　翁。栃木県　宮の餅（宇都宮市）、日光羊羹。千葉県　甚平涙切飴（宗吾霊堂）。茨城県　夫婦もち（筑波山）、梅羊羹。奈良県　青丹よし、わらび餅、花より団子（吉野山）。三重県　関の戸、阿漕せんべい、赤福餅（宇治山田）。静岡県　安倍川餅。山梨県　はまなし羊羹。滋賀県　歌仙松風、姥ケ餅、石菓子、弁慶の力餅。岐阜

県　柿羊羹、鵜飼せんべい、鵜飼羊羹。長野県　落雁、温泉せんべい、栗羊羹。福井県　羽二重餅、くるみ羊羹、豆落雁。宮城県　九重（香味飲料）、ゆべし、政岡豆。岩手県　豆銀糖、黄精飴（珍菓）。青森県　みかん糖。鳥取県　三人娘（せんべい）、白羊羹（米子市）。岡山県　吉備団子、玉島饅頭。香川県　坊太郎饅頭（丸亀市）、金平飴（琴平町）、大師煎餅（善通寺）。徳島県　若布羊羹、鳴戸。高知県　大つぶ、楊梅つぶ。愛媛県　唐饅頭、西条柚子餅、俳句せんべい（松山）。山口県　蜜柑煎餅、舌鼓（山口町）。福岡県　二輪加餅、つるの子菓子、味噌煎餅、こぼれ梅。佐賀県　小城羊羹、松露饅頭。熊本県　朝鮮飴、銅銭糖。鹿児島県　かるかん、ジャンボ（田楽餅）、はるこま（棒状の菓子）。北海道　昆布菓子、旭豆、小豆落雁。戦鮮　松の実餅（京城）、みろく羊羹、楽浪麦落雁、平壌飴。

渡辺霞亭《かてい》著『**大塩平八郎**』〔31〕は、一九三六年（昭和一一）四月、大阪市西区京町堀通の教育図書出版社から刊行されました。表紙、扉、奥付に、渡辺霞亭・碧瑠璃園《へきるりえん》著とありますが、碧瑠璃園は、渡辺霞亭の号ですので、ここでは、渡辺霞亭著ということにしておきます。

本書は、「日本英雄偉人文庫」と銘打たれています。このネーミングは、年少の読者を意識したものでしょう。事実、本書は、総ルビ付きで、本文も、一ページ一

○行と、ユッタリと組まれています。また、扉のあとには、「日本歴史年代表」と題した、カラー印刷の年表が折り込まれています。

渡辺霞亭（一八六四〜一九二六）は、明治・大正期の流行作家で、多くの著作を残しています。一九二六年（大正一五）四月になくなっていますから、本書は、死後の出版ということになります。

また、国会図書館のデータで調べますと、本書とほぼ同時期に、巧人社という出版社から、『貝原益軒』（一九三五年一〇月）、『大石内蔵助《くらのすけ》』（一九三六年四月）、『高山彦九郎』（一九三六年四月）と、碧瑠璃園名義の本が、三冊、出ています。いずれも、偉人の伝記を集めたもので、ゼイタクな造りになっている児童向けの本です。このうち、『大石内蔵助』には、大塩平八郎、大石内蔵助、吉田松陰、水戸光圀、中江藤樹と、五人分の伝記が収められています。教育図書出版社版『大塩平八郎』は、巧人社版『大石内蔵助』の「大塩平八郎」と、全く同じ組版です。巧人社『大石内蔵助』の分冊版という位置づけになるのでしょう。なお、教育図書出版社と巧人社は、松浦一郎という同一人物が経営者です。

本書が、今日、国会図書館に架蔵されていない理由はハッキリしません。ことによると、当時の帝国図書館が、「重複」を理由に、保存する必要なしと判断したのかもしれません。

余談・渡辺霞亭の代表作は、『渦巻《うずまき》』（隆文館、一九一三〜一九一四）であろう。一九一三年（大正二）、大阪朝日新聞に連載が開始された直後から、たいへんな人気を呼び、その年のうちに、映画化されている（サイレント映画）。

保坂弘司《ひろし》著**『国体の本義精講』**〔35〕は、一九三九年（昭和一四）二月、欧文社出版部から刊行されました。本書は、一九三七年（昭和一二）三月に刊行された、文部省編『国体の本義』（文部省）について解説した本です。当時、そうした解説本は、たくさん出されていますが、本書の特徴は、『国体の本義』という本を、「入試出典」として意識し、その視点からこれを解説しているところにあります。つまり、本書は、『国体の本義』の解説書であると同時に、『国体の本義』を対象とした受験参考書なのです。

本書の著者・保坂弘司（一九〇六〜一九八三）は、当時、欧文社国漢部長です。戦後、学燈社を創業したことで知られています。ちなみに、本書の発行所である欧文社は、一九四二年（昭和一七）八月に、社名を「旺文社」とし、今日にいたっています。

今、机上にある『国体の本義精講』は、一九四一年（昭和一六）三月に出た「第百七十三版」です。かなり評判の良かった本だったと言ってよいでしょう。にもかかわらず、今日、この本は、国会図書館に架蔵されていません。国会図書館には、当時、出された『国体の本義』の解説本が、十数種類、架蔵されています。その中には、沢田総清《ふさずみ》著『要解　国体の本義』（健文社、一九三八）のように、受験参考書と思われるものもあります。なぜ、本書『国体の本義精講』が架蔵されていないのか、理解しにくいところです。

東京教育会編『少国民年鑑　1949』〈67〉は、東雲堂から刊行されました。タイトルは、表紙にあるものを採りました。ちなみに、背表紙には「少国民年鑑　昭和二十四年版」、扉には「昭和二十四年版　少国民年鑑」、奥付には「昭和廿四年　少国民年鑑」とあります。

発行日は、一九四九年（昭和二四）一月一五日となっていますが、前年のうちに、店頭に並んでいたと見てよいでしょう。本文、わずか一二六ページ。「年鑑」の名前に値しない外観ですが、内容は意外に濃く、他では得られないようなデータも載っています。たとえば、一九四八年（昭和二三）五月末時点における、日本全国の自動車台数。これが、名目上の台数と、「実働車」の台数とに分けて、紹介されています。

自家用自動車	九、〇五六台	△　五、七〇六台
官公署自動車	五、七〇六台	△　四、二四三台
営業用自動車	七、二二六台	△　五、四五三台

小型四輪車	八、二三八台	△　五、七二六台
小型三輪車	三、七五七台	△　二、五二二台
乗合自動車	一一、八二六台	△　八、五一七台
貨物自動車	九三、一四八台	△六四、四四〇台
特殊自動車	一〇、四〇一台	△　六、六〇二台

右のデータは、「廿三年度の自動車」という項目のところに載っていました。その本文には、「こののちたくさんのガソリンを輸入できないかぎり、急には自動車の輸送力ものぞみなく、もつぱら、ガス用薪《まき》の利用をかんがえるとともに」云々とあります。薪などを燃やし、その不完全燃焼ガスで走る「代用燃料車」は、戦中に開発され、普及したものでした。この記事は、戦後の一九四八年度にいたっても、あい変わらず、そうした代用燃料車に頼らざるをえない状況にあったことを示しています。

なお、この時点で「実働」していなかった自動車のなかには、「代用燃料車」への改造をおこなわず、ガソリン不足のために、「実働」しようにも、それができなかったものが、数多く含まれていたと推察できます。

また、「実働車」の割合が低かった理由としては、燃料不足という問題以外にも、タイヤ・チューブなどの消耗部品の不足、あるいは、修理の際の交換部品の不足といった問題も、大きな理由だったと考えられます。

いずれにせよ、当時の日本には、「実働」の乗合自動車（バス）が、九千台に達していなかったことを知って、愕然とさせられました。

メモ①・本書「扉」のウラに、「東雲堂の年鑑は昭和五年創刊以来、今回で二十年目を数えるに到つた」とあります。戦中、年鑑の発行が休止されたのかどうかは、この記述からは、読みとれない。

メモ②・国会図書館憲政資料室のプランゲ文庫に赴けば、『少国民年鑑　1948』（一九四七年一二月一〇日発行）が閲覧できる。

文部省著**『日本の歴史』**〔69〕の修正版は、一九四九年（昭和二四）九月、中等学校教科書株式会社から刊行されました。A5判で、本文二一八ページ。巻末に、年表が折り込まれています。

この本の初版は、一九四六年（昭和二一）に、上下二巻の形で刊行されています。出版社は、やはり、中等学校教科書株式会社です。

今日、国会図書館に架蔵されているのは、この初版です。初版が架蔵されているのであれば、この一九四九年修正版を、ここで採り上げる必要があったのか、という疑問を抱かれた読者もおられたことでしょう。しかし、やはり採り上げる必要があるのです。

ひとつには、国会図書館に架蔵されている同書の初版は、「下巻」のみで、上巻は架蔵されていません。国会図書館の検索システムに、「文部省　日本の歴史」と打ち込んで検索しますと、たしかに「日本の歴史　上下」がヒットします。しかし、デジタルコレクションで、上巻を読もうとすると、「失　MISSING」と出てきます。どこかの段階で、同書の上巻が失われたものと思われます。したがって、初版の上巻に替わるものとして、ここで本書を紹介する意味があるわけです。

もうひとつ、一九四六年初版と一九四九年修正版とでは、当然、記述に違いがあるでしょう。どの箇所で、どのように、記述が修正されたかを知るためには、一九四六年初版と一九四九年修正版の両方が（その途中の版が存在するならば、それもまた）、国会図書館に架蔵されていることが望ましいのです。

メモ・国会図書館蔵、『日本の歴史　下』（一九四六年初版）の最後に、正誤表が貼られている。それによれば、「日支事変」は、「支那事変」に訂正されている。ところで、同書の一九四九年修正版においては、当該箇所が、「中日事変」となっている。この訂正・修正の意味するところ、その背景などは、研究に値すると考える。

余談・中等学校教科書株式会社は、中等学校・高等女学校の教科書、および実業学校の普通科の教科書を発行する教科書会社として、戦中に発足。戦後、社名を中教出版に変えた。中教出版は著名な教科書会社であったが、現在では解散している。

カバヤ児童文庫の**『ピノキオの冒険』**〔73〕は、一九五二年（昭和二七）八月、カバヤ児童文化研究所から刊行されました。扉に「コロデイ原作」とあり、背表紙に「カバヤ児童文化研究所編」とありますが、訳者あるいは作者の名前は記されていません。ちなみに、奥付には、「編集兼発行人　カバヤ児童文化研究所　原　敏《さとし》」とあります。

カバヤ児童文庫というのは、カバヤ食品株式会社系列のカバヤ児童文化研究所が発行していたシリーズで、一般の書籍とはことなり、カバヤミルクキャラメルに入っている「文庫券」（文庫カード）を集めると、それと引き換えに入手できることになっていました。

この本の奥付ページには、「ひきかえる方法」が書かれています。

> 文庫カードが五十点たまりましたら、御近所の引換店でお好きな本を貰って下さい。もし引換店がない場合や引換店にお好きな本がない時は岡山市下石井カバヤ文庫係宛、あなたの住所・氏名・学年とすきな本の名を書いてカードと共に封筒へ入れて送って下さい。すぐ

本を送ります。

文庫券（文庫カード）には、五種類があって、「大当り」10点、「カバ」8点、「ターザン」2点、「ボーイ」1点、「チータ」1点となっていたようです。

では、文庫券（文庫カード）を集める以外には、カバヤ児童文庫を入手する方法はなかったのでしょうか。そんなことはありません。カバヤ文庫係に、本の代金と送料を送れば、誰でも、好きな本を送って貰えたようです。ちなみに、『ピノキオの冒険』の代金は一二〇円、送料は一六円でした。

『少年講談　塚原卜伝』〔77〕は、一九五四年（昭和二九）一月、らくだ社から刊行されました。「卜伝」は、「ぼくでん」と読みます。本文二〇七ページ、定価八〇円、著者は月光幸三という人です。

タイトルですが、表紙には、「塚原卜伝」とありますが、背表紙には「少年小説　塚原卜伝」とあります。扉には、「少年講談　塚原卜伝」とあります。このうち、扉にある「少年講談　塚原卜伝」というタイトルが、この本の特徴を最もよくあらわしています。ここでは、これを本書のタイトルということにしたいと思います。

著者の月光幸三については、いま、何の情報も持っていません。国会図書館の検索システムで「月光幸三」を検索しても、「お探しのキーワードでは、見つかりませんでした」と返ってきます。グーグルで検索しても、これといった情報は得られませんでした。したがって、この名前を、どう読むべきなのかすらわかりません。

発行所の「らくだ社」についても、詳しいことはわかりません。奥付によれば、住所は、「東京・神田・神保町」とあるだけで、それ以下の記載はありません。

さて、本書の冒頭部分から、文章を少し、引用してみましょう。

かくて塚原卜伝は、卜伝の極意及び、天狗昇飛切りの術を伝授したといふ、天正の頃、天下に武名を轟かしました塚原卜伝先生のお話しを致します。

読んでわかるように、完全に講談調です。これを音読すれば、そのまま講談になると言っても過言ではありません。しかも、年少の読者を意識して、講談が多用する難しい漢語を、極力、控えている印象があります。まさに、この本は、「少年講談　塚原卜伝」と呼ぶのにふさわしい本だと思います。

メモ①・『少年講談　塚原卜伝』は、旧かなづかい、旧漢字を使用している。この点に関して言えば、決して少年向きとは言えない。

メモ②・読みが難しい漢字には、ルビが振られているが、その頻度は高くない。「卜伝」や「天狗昇」（てんぐしょう）といった言葉は、最初に出てきたときに、ルビを振るべきだと思うが、そういった配慮はまったく感じられない。

余談・らくだ社発行の本で、国会図書館に架蔵されているのは、浜口昌夫『少女小説　鳩は鳴かず』（一九五四年一月）、及び北園孝吉『少年海洋冒険小説　潜水百萬浬』（一九五四年一二月）の二冊のみ。この出版社は、ほとんど納本義務を果たしていなかったようである。

10 独習書、参考書など（六冊）

一般向けの独習書、参考書なども、国会図書館に架蔵されていない場合が多いようです。ここに挙げたのは、いずれも戦前のものですが、やはり、保存するに値しないと判断されたのでしょうか。

『式辞演説資料　五分間演説集』〔8〕は、一九一八年（大正七）五月、東京市赤坂区丹後町の日本青年通信社から刊行されました。一四二×八八ミリの小型判で、本文三〇三ページです。今、机上にあるのは、翌年の三月に出た、その第三五版です。わずか十か月の間に、これだけ版を重ねたということは、それだけ

需要があったということでしょう。

奥付に「編輯兼発行人　森本信次郎」とあります。森本信次郎が、実際の編者であったのかどうかについては、何ともいえません。

本書の構成はきわめてシンプルです。最初に、「演説する時の諸注意」があり、続いて、演説・祝辞・答辞のサンプルが示されます。このサンプルは、編者が書いたものと思われます。ここまでで五六ページを費やしますが、このあとは最後まで、高名な人物が、実際におこなった演説の紹介が続きます。タイトルに示されているように、ごく短いもののみが選ばれています。一部、署名のないものがありますが、これは、編者がおこなった演説を再現したものか、または、必要に応じて、新たに書き加えたものでしょう。

本書は、それが出ていた当時は、単なる実用書だったと思いますが、今日の視点から見れば、これも立派な史料です。一例のみ挙げます。一九一一年（明治四四）七月二一日に、参宮線の山田駅・鳥羽駅間が開業したとき、誰がどういう祝辞を述べたかを調べるのは容易ではありません。しかし、この本には、その祝辞の全文が載っています。鉄道院総裁・後藤新平の「鳥羽鉄道開通式祝詞」がそれです（一三四ページ）。

室松《むろまつ》岩雄著**『精選　祝詞創作便覧』**〔11〕の初版は、一九二〇年（大正九）五月に、高島易断所本部神宮館から刊行されました。今、机上にあるのは、その六版ですが、一九四一年（昭和一六）三月に刊行されています。和装本で、本文二五八ページです。袋綴じですが、きわめて薄い用紙を使っていますので、一・六センチほどの厚さにおさまっています。

この本は、「祝詞《のりと》」を創作する方法を解説した本です。「凡例」に、「本書は国典祭式等を修むる初学者にして神祭の祝詞を練習する人の為に模範的材料を提供し、又広く神官職教導職の為に神社祭祀国祭諸式以外の祝詞作文の参考に備へんとして編纂せり」とあります。

「初学者」を意識しているためか、説明は懇切丁寧で、特に、冒頭の「祝詞宣命　作法大意」は、簡結にして要を得ていて感心させられます。また、用例は、あらゆる事例に対応できるよう、数多く挙げられています。

神社の神官など、専門家のために書かれた本ですが、本書をジックリ読み込めば、アマチュアでも、祝詞らしいものを創ることができたと思います。こうした有益な実用書が、今日、国会図書館に架蔵されていない事情は、よくわかりません。

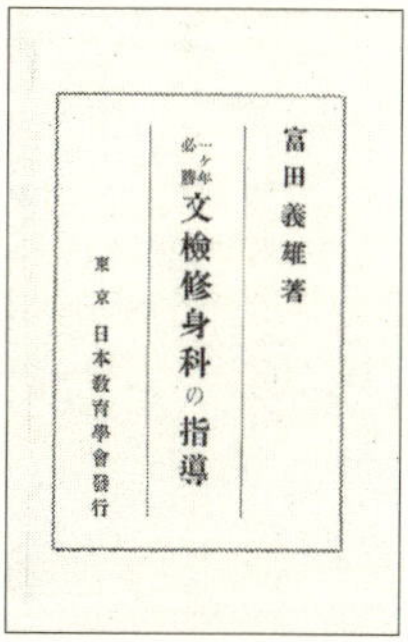

本書・扉

富田義雄著**『一ケ年必勝　文検修身科の指導』**〔20〕は、一九三一年（昭和六）七月、東京市本郷区蓬萊町の日本教育学会から刊行されました。

この本は、「文検」を受験する人のために書かれた受験参考書です。「文検」というのは、「文部省師範学校中学校高等女学校教員検定試験」の略で、要するに、中等教員免許の教員検定試験のことです。著者は、自身が文検の合格者で、その体験をもとに、この本を書いています。ですから、そのアドバイスは具体的で、かつ説得力があります。合格までの悪戦苦闘を語っているところなどは、手記としても、なかなか読ませます。

> 我々小学校教師にとつて恵まれた時間といへば、それは夜間と休日とである、其の休日といふのが中々あてになるものでない事は読者諸君直接経験する所であらう。して見れば残された時間といへば夜間の数時間にすぎない。此の尊い夜の時間を蝕《むしば》むものは何か？　言ふまでもなくそれは農業公民学校助教諭の辞令であり、青年団理事の肩書である。筆者はこうした余裕に恵まれない他位にありながら、少くなくとも人並の学級経営をしながら受験の奮闘生活を続けたのである。

この本は、「文検」各学科のうち、「修身科」で受験する人のために書かれています。当然、読者は限られるわけで、おそらく当時の納本図書館（帝国図書館）は、この本を保存すべき書籍と認めなかったと思います。

しかし、今となってみれば、この本は、文検のしくみ、出題傾向、受検生の意識や生活などがわかる貴重な史料と言えるわけです。

島津嘉孝著『**模範口述問答要領　憲法行政法**』〔26〕は、一九三三年（昭和八）一一月、東京市神田区淡路町の新光閣から刊行されました。「序」によりますと、本書は、「高文各科及び普文又は之に準ずる諸試験の口述の虎の巻」だそうです。ここで「高文」とは、文官高等試験（通称「高等文官試験」）の略称、「普文」とは、文官普通試験（通称「普通文官試験」）の略称です。

本書のタイトルを、仮に『模範口述問答要領　憲法行政法』としました。「憲法」と「行政法」とは、表紙・背表紙・扉のいずれにおいても、二行に並列されています。これは、本書が、「高文普文　帝国憲法模範口述問答要領」および「高文普文　行政法模範口述問答要領」という二冊の本を合綴《がってつ》した形になっているからです。

この本が、今日、国会図書館に架蔵されていない理由は不明です。しかし、本書の姉妹篇である『模範口述問答要領　刑法刑事訴訟法』（一九三三、新光閣）は、架蔵されてます。

本書は、口述試験対策の本ですから、記述は、「問答」の形でなされています。少し、引用してみます。

問　天皇御崩御の時皇后御懐妊にあらせらるゝ時は摂政を置きますか。
答　ハイ、胎中天皇を認めて摂政を置くべきものと存じます。
問　夫れは又如何なる法理に拠りますか。
答　胎児は相続に関しては既に生れたものと看做すとの（民法九百六十八条九百二十一条）私法の法理に基いてであります。
問　民法の法理を準用するのですかね。まあそれでいいことにして天皇の御料に対し民法の規定が適用になりますか。
答　適用になります。
問　其の憲法上の根拠は。
答　皇室典範増補七条八条はこのことを明定して居ります。
問　民法を適用しては神聖不可侵を冒瀆しませんか。
答　神聖不可侵は天皇の御身位に関するものであり、此の場合は御料に対し財産法を適用するのでありますから神聖不可侵に関係ないと存じます。

問 よろしい。

実際の口述試験で、このような問答がおこなわれていたのかどうかは不明です。また、この本の解答例が、本当に「模範的」だったのかどうかも不明です。しかし、この本は、当時、「問答要領」の形をとった、憲法・行政法のユニークな解説書でもあったのではないか、という気がします。

メモ①・本書の著者・島津嘉孝が一九三七年（昭和一二）に出した『夫婦間の貞操読本』（松光書院）は、発禁処分を受けている。ただし、本書『模範口述問答要領　憲法行政法』が発禁になった形跡はない。

メモ②・本書が刊行されてから二年後の一九三五年（昭和一〇）、いわゆる天皇機関説事件が起き、美濃部達吉博士の学説が批判され、その著書三冊が発禁となっている。

余談・旧皇室典範（一八八九年裁定）の起草に際し、その初期段階で作られたとされる「皇室制規」には、「遺腹ノ皇子皇女ハ皇位ヲ継承スルコト天皇在世中ノ皇子皇女ニ異ナルコトナナシ」という条項が含まれていた。「胎中天皇」の考え方である。

高木弥三郎著『**最新速記術講義**』〈29〉は、一九三五年（昭和一〇）四月、東京市小石川区宮下町の京文堂書店から刊行されました。今、机上にあるのは、一九三八年（昭和一三）五月に出た、その第一〇版です。

日本で開発された速記術に、さまざまなものがあったことは聞いていましたが、高木弥三郎が開発した「高木式」と呼ばれるものがあったのかどうかは、ハッキリしません。しかし、本書の記述から判断しますと、高木が「学院」を経営し、速記者を養成する立場にあったことは間違いないようです。また、「序」に、「速記術の自宅講習書の筆を採ることに致しました」とありますので、高木が、通信教育にまで手を広げていたこと、本書が、そのテキストとして書かれたらしいことがわかります。

本書が、なぜ今日、国会図書館に架蔵されていないのかは不明です。しかしこれは、「通信教育のテキスト」という本書の性格と、関わるところがありそうです。

余談①・高木弥三郎が、速記用の鉛筆として推奨していたのは、「ムーンスター印逓信鉛筆第一号」である。インターネット情報によれば、一九二〇年代に、市川商店というところからムーンスター３００番という鉛筆が発売されていたが、これは、アメリカのモンゴル鉛筆のパクリ商品だったらしい。

余談②・高木弥三郎が、速記用の用紙として推奨していたのは、駿河半紙《するがばんし》である。しかし、これは高価なので、「本学院」においては、四〇〇枚で二〇銭くらいのマニラ紙を使用しているとある。

石黒敬七《けいしち》著**『柔道　其の本質と方法』**（45）は、一九四二年（昭和一七）一二月、旺文社から刊行されました。

旺文社は、当時、「青年体育運動の書」という叢書の刊行を続けており、本書も、その一冊でした。本書が刊行された時点で、剣道、陸上競技、庭球、野球、卓球、水泳が、本叢書の名前で既刊となっており、銃剣術、相撲、射撃、国防スキー、体力検定の続刊が予定されていました（本書巻末の広告によりました）。ところが、今日、国会図書館のシステムで、「青年体育運動の書」を検索しますと、『水泳　其の本質と方法』、『射撃　其の本質と方法』、『国防スキー　其の本質と方法』の三件しかヒットしません。どうして、こういうことになったのかは、よくわかりません。

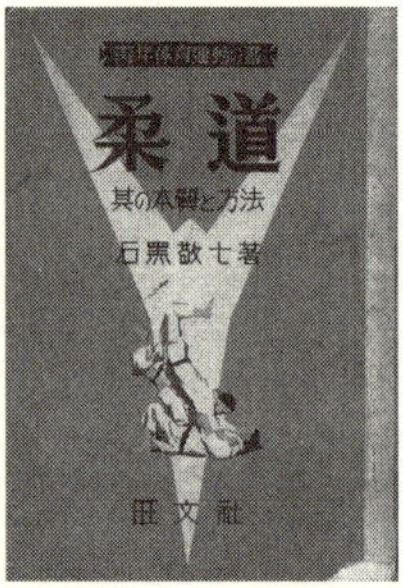

著者の石黒敬七（一八九七〜一九七四）は、戦前のフランスに定住し、フランス・トルコ・エジプトなどに、柔道を普及させた著名な柔道家です。戦後は、ＮＨＫラジオの「とんち教室」に出演し、軽妙な回答で茶の間の人気を得ました。

本書は、本自体が、あまり知られていませんが、ひとつひとつ技の解説が詳しく、かつ理にかなっているという印象があります。もう少し、注目されてよい本だと思います。

メモ・一六三ページでも述べたが、旺文社は、一九四二年（昭和一七）八月に、それまでの社名「欧文社」から、「旺文社」に社名変更し、今日にいたっている。ちなみに、「青年体育運動の書」の一冊である、斎藤巍洋《たかひろ》著『水泳　其の本質と方法』は、同年七月一日発行、発行発売所は、まだ、「欧文社」である。

---

11 その他（九冊）

以上の分類に、うまく収まらないものを、ここにまとめました。これらが、国会図書館に架蔵されていない理由は、明らかでは、ありませんが、いずれも、架蔵されていておかしくないし、むしろ、架蔵されるにふさわしい文献だと思います。

福沢諭吉著**『かたわ娘』**（1）は、一八七二年（明治五）九月に、慶応義塾出版局から刊行されました。現物を手にとったことはありませんが、本文わずか五丁（一〇ページ）の小冊子で、和紙に木版で刷られているようです。名雲純一編**『明治時代　教育書とその周辺』**（96）（名雲書店、一九九三）で、その全ページを影印で見ることができます。

当時の福沢諭吉は、出版によって、民衆の知的レベルを向上させようと考えていました。その考えに基づいて、『西洋事情』（一八六六）、『学問のすゝめ』（一八七二）などの啓蒙書を発表し、普及させていったのです。

『かたわ娘』は、きわめて短い文章ですが、実に巧みな「戯文」です。また、かなり過激な「啓蒙書」でもあります。この本で福沢は、成人女子の間の旧習、具体的には、成人女子が「眉毛を剃り、歯を黒く染めている」ことを批判しました。福沢は、この冊子で、眉毛を剃ったり歯を黒くしたりすることは、遅れて野蛮な風習だという形の批判はしません。そのように、頭から決めつけるのではなく、意外な切り口から、これらが、いかに不合理な風習であるかを説いたのです。

ある金持ちの家に、「かたわ」の女の子が生まれた。生まれつき眉毛がなく、歯が黒かった。子どものうちは後ろ指を指されることもあったが、成人後は、誰からも後ろ指を指されなくなった。眉を剃ったり歯を黒くしたりする手間がかからないので、むしろ本人も喜んでいる。――ザッと説明しますと、こういった話です。

井上角五郎《かくごろう》著**『漢城廼残夢』**〔2〕は、「かんじょうのざんむ」と読みます。一八九一年（明治二四）一〇月、東京市日本橋区通四丁目の春陽堂から刊行されました。今、机上にあるのは、同年一二月発行の再版です。

実は、この本は、国会図書館に架蔵されていません。しかし、デジタルコレクションで、これを閲覧しますと、いかにも粗雑な印刷物といった印象で、奥付は何と、「手書き」です。発行者も春陽堂ではなく、「発行兼印刷者　井上角五郎」、つまり、井上角五郎個人になっています。また、奥付ページの左上に「版権登録」という印が捺《お》されています。当時の版権登録の仕組みは、よくわかりませんが、これは、版権登録用に仮印刷された本だったのではないでしょうか。

少なくとも、今日、国会図書館に架蔵されているものは、春陽堂から市販されたものではありません。そこで、この春陽堂版『漢城迺残夢』も、「国会図書館にない本」に含めることにしました。

本書の著者・井上角五郎（一八六〇～一九三八）は、福沢諭吉の門弟にあたります。師のすすめもあって朝鮮に渡り、朝鮮政府の顧問となって、『漢城旬報』という新聞を発行しました。朝鮮滞在中の一八八四年（明治一七）、金玉均らによるクーデター未遂事件（甲申事変）が起きます。本書は、この事件を中心としながら、朝鮮滞在中の出来事・体験などをまとめたものです。非常に貴重な史料だと思いますが、復刻などの試みは、いまだになされていません。

『大疑獄　教科書事件』〔3〕は、一九〇三年（明治三六）一月、東京市京橋区本材木町《ほんざいもくちょう》の特報社から刊行されました。巻頭に「ノ乀生編」とありますが、編者（著者）の実名は不詳です。

この「ノ乀」ですが、「ヘツボツ」と読むのだという説を聞いた覚えがあります。今、その説の出所が思い出せず、はなはだ不確かで申し訳ないのですが、この本の編者（著者）を仮に、「ヘツボツ生」としておきます。

教科書事件とは、一九〇二年（明治三五）に発覚した教科書をめぐる贈収賄事件を指します。教科書疑獄事件と呼ばれることもあります。本書巻頭の「緒論」において、ヘツボツ生は、こう言っています。

教科書事件とは何ぞ彼等が暴利を博する為めに教科書の検定及び審査等に際し其当路者《とうろしゃ》に贈賄したる事実発覚して収賄者は続々其筋の手に拘引せられ贈賄者も亦多く之が為めに召喚せられ家宅捜索となり証拠物件押収となりたる一大疑獄なり

ご覧のように文章に句読点がありませんが、文章の流れがよいからでしょうか、意外に抵抗なく読めます。この本の著者・ヘツボツ生は、おそらくジャーナリストだったのでしょう。新聞報道を中心に、さまざまな情報を集め、それらを見事に整理しています。この本は、教科書疑獄事件についての第一級の史料であることは間違いありません。にもかかわらず、この本は国会図書館に架蔵されておらず、またこれまで、復刻がなされたという話も聞きません。まことに残念なことです。

なお、このヘツボツ生は、漢詩や川柳の素養があった人らしく、本書の随所で、それらが披露されています。ここでは、各一例のみを紹介しておきましょう。

火手揉消臭物包。動重拘引半途抛。今回検事正龍起。勿受龍頭陀尾嘲。
はぢ柿の串さしになる年の暮

中山太郎著**『土俗私考』**〔13〕は、一九二六年（大正一五）三月一〇日、東京市神田区表神保町の坂本書店から刊行されました。函入り、布装ハードカバー、本文一八八ページ、定価一円三〇銭です。著者の中山太郎（一八七六〜一九四七）は、在野の民俗学者でした（「土俗学者」を自称することもありました）。

本書・函

この本は、坂本書店の「閑話《かんわ》叢書」の一冊です。この叢書の編集にあたっていたのは、中山太郎と同じく、在野の民俗学者・本山桂川《もとやまけいせん》（一八八八〜一九七四）でした。第一冊が、南方熊楠《みなかたくまぐす》著『南方閑話』（一九二六年二月二五日）、第二冊が本書『土俗私考』、第三冊が佐々木喜善《きぜん》著『東奥異聞《とうおういぶん》』（一九二六年三月二〇日）です。執筆者との交渉、収録する文章の選定などは、本山桂川がおこなっていたものと思われます。事実、本書の奥付には、「著作者　中山太郎／編纂者　本山桂川」とあります。

本書には、「元服の土俗と性の問題」、「性に関する迷信」、「聟《むこ》いぢめ」、「遊行《ゆぎょう》婦女考」、「物の周《まわ》りを廻《めぐ》る土俗」、「消えずの灯」、「コホロギ橋と袖モギさん」の計七篇が収められています。いずれも、読者のインスピレーションを刺激する好篇で、「土俗学者」中山太郎の力量を、如何なく示したアンソロジーです。数多い中山の論文から、この七篇を選び出した本山桂川の見識にも脱帽させられます。

日本民俗学史に残る名著だと思いますが、なぜか、国会図書館には架蔵されていません。

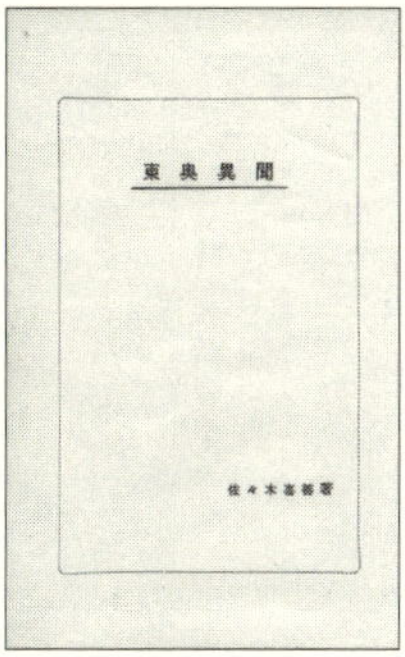

本書・扉

佐々木喜善《きぜん》著**『東奥異聞』**（14）の書名は、「とうおういぶん」と読みます。一九二六年（大正一五）三月二〇日、坂本書店出版部から刊行されました。同書店から出ていた「閑話叢書」（編集・本山桂川）の第三冊にあたります。奥付には、「著者　佐々木喜善／編者　本山桂川」とあります。

『東奥異聞』は、平凡社の『世界教養全集21』（一九六一）、遠野市立博物館の『佐々木喜善全集1』（一九八六）に収められています。青空文庫で読むこともできます。しかし、坂本書店版を読もうとすると、これを架蔵している公共図書館、大学図書館などを調べ、そちらに赴く必要があります。

著者・佐々木喜善は、遠野の出身で、柳田國男の『遠野物語』（聚精堂、一九一〇）に材料を提供したことで知られています。しかし、佐々木は、学者・文筆家としては、概して不遇でした。本山桂川（当時、千葉県市川町に在住）は、そうした佐々木に同情的で、物心両面にわたって支援をおこなっています。叢書の第三冊に、佐々木喜善『東奥異聞』を起用したのも、そうした支援のひとつだったのでしょう。

なお、本書に収録された文章のうち、「不思議な縁女の話」、「巨樹の翁《おきな》」、「黄金の牛」、「千曳石《ちびきいし》の話」、「偽《にせ》汽車の話」の五つは、かつて長崎市で、本山桂川が編集・発行していた個人雑誌『土の鈴』に掲載されたものでした。

余談・『東奥異聞』というタイトルの「異聞」には、柳田國男の『遠野物語』に対する強烈な皮肉が感じとれる。このタイトルを提案したのは、おそらく本山桂川だったと思う。

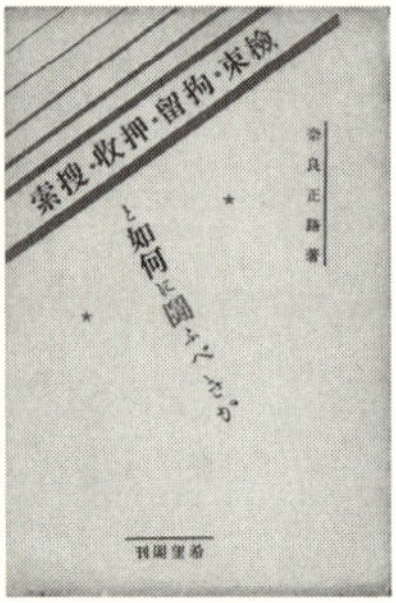

奈良正路《まさみち》著**『検束・拘留・押収・捜策と如何に闘ふべきか』**〈15〉は、一九二八年（昭和三）五月、東京市牛込区早稲田鶴巻町の希望閣から刊行されました。労働者・農民が権力の「非合法戦術」に直面したとき、それを合法的に撃退する方法を伝授しようとした本です。

著者は、「序」で、こう言っています。

諸君は、同志や親族がやられたとき、どうすればいいか、自分がやられたときには「何をいかにするか」といふ具体的な知識を、諸君の耳にささやく本書を愛読しろ！

国会図書館のデータによれば、本書の著者・奈良正路には、戦前だけでも、二十三冊の単著書があります。そのうち三冊は、安寧秩序を妨害するものとして、発禁処分を受けています。しかしこの本は、どういうわけか、今日、国会図書館に架蔵されていません。なお、本書が、国会図書館に「ない」ということは、本書が、少なくとも「発禁」にはされなかったことを示しています。

メモ・奈良正路の著書で発禁になったものは、次の三冊である。『座談会の研究』（新興科学社、一九二九）、『法律学の基礎観念』（日本評論社、一九三一）、『刑法の基本問題』（浅野書店、一九三二）。いずれも、安寧秩序を妨害したという理由による処分であった。

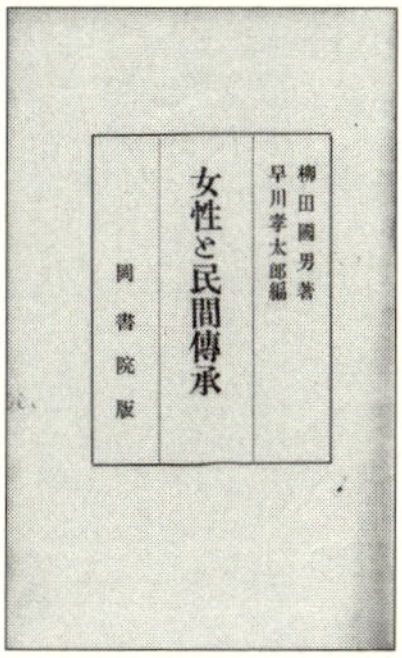

本書・扉

柳田國男著、早川孝太郎編**『女性と民間伝承』**〔23〕は、一九三二年（昭和七）一二月、東京市神田区の岡書院から刊行されました。この本は、のちに角川文庫にも入った柳田國男の名著です。

ところが、その初出である岡書院版が、今日、国会図書館には架蔵されていません。岡書院が、この年に刊行した本五冊が、国会図書館に架蔵されています。また、早川孝太郎が、一九三〇年(昭和五)に岡書院から出した名著『花祭』も、国会図書館に架蔵されています。にもかかわらず、柳田國男の名著の「初版」が、国会図書館に架蔵されていないのです。これは、実に不思議なことです。

早川孝太郎によれば、岡書院版『女性と民間伝承』は、「未完成」に終わった柳田國男の稿を、門弟である自分が、「簡単な解説」と「索引」を付して刊行したものです。もちろん、柳田の許可を得た上でのことでした。ところが、柳田は、この早川の「解説」が気に入らなかったようなのです。そのことは、柳田が、戦後の一九四九年(昭和二四)に、早川の「解説」を除いた改訂新版を出していることでわかります(『柳田國男先生著作集』第七巻、実業之日本社)。

いったい柳田は、早川の解説のどこが気に入らなかったのでしょうか。これを探るには、岡書院版(初版)と実業之日本社版(改訂新版)とを、比較対照する必要があります。しかし、国会図書館に岡書院版が架蔵されていないため(実業之日本社版は、架蔵されています)、少なくとも国会図書館では、この作業はできません。これは、まことに残念なことだと思います。

メモ・岡書院版には、口絵二枚、早川孝太郎の「解説」、早川孝太郎署名の「編者として」と題する跋があるが、実業之日本社版では、これらすべてが省かれている。実業之日本社版は、巻頭に柳田國男署名の「編者として」という一文があり、巻末に柳田自身による(あるいは、柳田の指示に基づく編集者による)「註」がある。「索引」は、岡書院版のもの

（早川孝太郎作成）が踏襲されている。

余談・民俗学研究家の本山桂川は、「柳田國男とわたくし」という文章（一九七九）の中で、「早川孝太郎君は孝太郎君で『女性と民間伝承』という柳田國男氏の著作をほしいまゝに註釈して出版し、その印税を私したとかいうかどで遠ざけられ」た、と述べている。この発言の真偽は不明だが、『女性と民間伝承』の出版をめぐって、早川が師の不興をかったというのは間違いないようである。

松井翠次郎《すいじろう》編**『農村の生活調査』**〔33〕は、新興生活叢書の第一五輯として、一九三七年（昭和一二）六月に刊行されました。発行所は、「財団法人　佐藤新興生活館」です。佐藤新興生活館は、一九三六年（昭和一一）、東京・神田駿河台に建てられたビルの名前でもあります。今日の「山の上ホテル」本館が、それにあたります。

今日、国会図書館の検索システムで、「新興生活叢書」を検索しますと、第一輯・山下信義著『生活計画』（一九三六）から、第二一輯・本田静六《せいろく》著『幸福への道』（一九四〇）まで、十七件がヒットします。しかし、なぜかそこに、第一五輯の『農村の生活調査』は、含まれていません。

本書の編者である松井翠次郎（一九〇二～一九八八）は、東京府南多摩郡恩方村《おんがたむら》に生まれ、この地で農民の生活改善に尽した文化人・運動家でした。一九四四年（昭和一九）に、治安維持法違反の容疑で検挙されています（翌年、釈放）。今日、松井の著書が国会図書館に架蔵されていないのは、ことによると、これらのことに関わるのかもしれません。

本書における調査方法は、非常にユニークなもので、南多摩郡横山村の「館《たて》」という集落（現在、八王子市館町《たてまち》）の農家一〇戸を対象に、さまざまな聞き取り調査をおこなっています。

紹介したい調査結果は、いくらでもありますが、「〔第四一表〕使用した売薬」から、そこにある売薬の名前を、すべて挙げてみましょう。

トンプク・セメン円・救命丸・実母散・風薬（以上、使用戸数三）、万病感応丸・頭痛トンプク・熊の胆・清心丹（以上、使用戸数二）、六神丸・目薬・はら薬・万能膏・赤丸如神丸・赤玉はら薬・テリアカ・熱病丸・清秀丹・かぐら丸・精神丸・仁丹・わかもと・ネオネオギー・胃散（以上、使用戸数一）

メモ・本書は、松井翠次郎「著」ではなく、松井翠次郎「編」となっている。これは、実際に調査にあたったのは青年団員であって、自分は、それをまとめたにすぎないという、松井の謙虚な人柄を示しているものであろう。

余談・松井翠次郎が生まれた恩方村は、ふだん記《ぎ》運動の創始者として知られる橋本義夫

（一九〇二〜一九八五）が生まれた南多摩郡川口村と隣村である。松井と橋本とは親しく、ともに農民生活改善運動に取り組んだ。ちなみに、橋本義夫も、一九四四年に、治安維持法違反の容疑で検挙されている（翌年、釈放）。

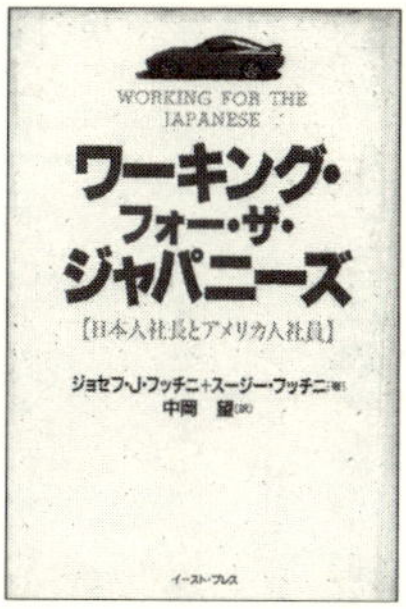

ジョセフ・J・フッチニ＋スージー・フッチニ著、中岡望訳の**『ワーキング・フォー・ザ・ジャパニーズ』**〔95〕は、一九九一年一二月、「株式会社　イースト・プレス」から刊行されました。

　この本は、マツダが、アメリカのミシガン州に設立した自動車工場で起きた出来事についてのレポートです。私にとって、特に興味深かったのは、日本人経営者とアメリカの労働者の間で生じた、ある種の文化的な摩擦についての記述でした。

　一九八七年の春、この工場で、ひとつの事件がありました。あるとき、会社は、労働者に、ユニフォームのアクセサリーとして野球帽を配りました。ユニフォームの着用は、「強制的」（mandatory）なものでしたが、野球帽の着用は、「自発的」（voluntary）なものでした。多くの労働者は、野球帽をかぶらないで出勤しました。会社側（日本人経営者）はこれを問題にしました。「本当に会社のことを考えているなら、野球帽をかぶりたくなるはずだ」というわけです。

これを聞いた労働者は、激しく反発しました。どうしてでしょうか。この本の著者であるフッチニは、こう言います。アメリカ人は、「しなければならない」(had to do) と言われれば受け入れるが、「欲するべきだ」(should "want" to do) と言われれば反発するのだ、と。つまり、つまり、アメリカ人は、「野球帽をかぶれ」という指示なら従うが、「野球帽をかぶりたくなれ」という指示には従わないということだと思います。

この本には、こういう興味深いエピソードが次々と出てきます。日本の企業文化について、あるいは日本人の精神文化について考えようとする者にとっては必読の文献です。こういう名著が、国会図書館に架蔵されていないのは不思議なことです。

メモ・本書の原著は、Joseph J. Fucini and Suzy Fucini著『Working for the Japanese: Inside Mazda's American Plant』(The free press, 1990)。リプリント版、キンドル版もあり。

余談・四天王寺大学の二〇一六年度入学試験(どの段階での試験かは不明)「国語」の第一問の問一は、『ワーキング・フォー・ザ・ジャパニーズ』に出てくる「野球帽の着用」をめぐるトラブルについて出題している。野球帽の着用が、トラブルを招いた背景について、正確な理解を求める出題である。

第四章

書物を愛する方々へのメッセージ

本章では、書物を愛する方々に対し、メッセージを差し上げたいと思っています。具体的には、国会図書館にお勤めの方々、古書業界で仕事をされている方々、読書家・蔵書家・古書愛好家の方々に対するメッセージです。

1　国会図書館にお勤めの方々へのメッセージ

一八九三年（明治二六）に、春陽堂から、「探偵小説」というシリーズ物が刊行されました。一年の間に全二六集が出たようですが、第二六集が、実際に出ているのかどうか確認できません。同シリーズのうちの第七集は、白水郎《はくすいろう》の『探偵小説　活《いき》人形』（一八九三年九月）です。白水郎というのは、小説家・泉鏡花（一八七三～一九三九）の別号です。このとき、泉鏡花は、すでに人気作家のひとりになっていたと言われます。

今日、国会図書館の検索システムで確認しますと、春陽堂の「探偵小説」は、計二五冊が架蔵されています。欠けているのは、第二六集のみです。

高崎市の名雲書店の古書目録『幕末明治期文献目録　第五号』（一九九二）の六八ページには、「探偵小説」二二五冊のデータが載っています。それによれば、愛剣堂主人訳『影法師』（四月一四日発行）は、「探偵小説」の第六集、烟波生著『黒髪』（五月二八日発行）は、「探偵小説」の第一四集にあたっています。これらのデータは、国会図書館の書誌情報では得られませんので、ここに記しておいた次第です。なお、烟波生というのは、川上眉山《びざん》（一八六九〜一九〇八）の別号です。

名雲書店の同目録には、「二十五集迄揃。第二十六終巻欠」とあります。「探偵小説」シリーズは、第二六集が終巻のようですが、第二六集の著者、タイトル、発行日等は、依然として不明のままです。ちなみに、これら二五冊の古書価は、二〇〇万円となっています。また、名雲書店の同目録は、国会図書館には架蔵されていません。

このようなことを調べているうちに、次のような疑問が湧いてきました。

- 春陽堂の「探偵小説」は、いったい、全部で何編出たのでしょうか。第二六集は、本当に出ているのでしょうか。
- 第二六集について、その著者やタイトルを知る方法はないのでしょうか。
- 一八九三年（明治二六）当時の中央図書館は、東京図書館でしたが、「探偵小説」の第二六集は、最初から東京図書館に納入されなかったのでしょうか。それとも、いったんは納入され、架蔵されたものの、どこかの時点で失われてしまったということなのでしょうか。

・帝国図書館や国会図書館は、第二六集の欠本を補おうとしたことがあったのでしょうか。あるいは、補おうとしたが果せなかったということなのでしょうか。
・もし、春陽堂「探偵小説」の第二六集を持っている蔵書家がいて、これらを国会図書館に寄贈したいという希望を持っていたとしますと、国会図書館はこの希望を受け入れてくれるのでしょうか。

このような「疑問」は、最終的には、国会図書館に対する質疑、あるいは質疑の形をとった要望に向かわざるをえません。箇条でまとめてみます。

一　国会図書館のデータ検索を利用すれば、ある本が、国会図書館に架蔵されているか否かはわかります。また、その本が、どういうシリーズに属しているかもわかります。しかし、国会図書館のデータから、そのシリーズの全体像を把握することは難しく、また、欠本があった場合、その欠本のデータを知ることはできません。
　シリーズの全体像、欠本の有無、欠本に関する情報などが、データ検索によってわかるようにしていただけると、非常に便利だと思いますが、ご検討いただけないでしょうか。

二　かつて帝国図書館、国会図書館などに架蔵されていて、その後、失われた文献について、その文献名、失われた事情などの調査はおこなわれているのでしょうか。もし、おこなわれているのであれば、それを公開していただけないものでしょうか。

三　架蔵されていない文献、失われた文献、切り取りなどの事故が生じた文献などについて、購入・再購入などの措置をとってこられたのかどうか、お伺いできればと思います。

四　国会図書館に対して、個人がその蔵書の寄贈を希望する場合、国会図書館は、どのように対応されているのでしょうか。受け入れられる場合と、そうでない場合とがあるのだとすれば、その基準についても、お伺いできればと思います。

四について、少し補足します。

私はかつて、亡くなられた郷土史家の遺族からの依頼を受け、故人の蔵書の寄贈を申し入れるために、某公立図書館まで赴いたことがあります。その方の蔵書は、多摩地区の郷土史を中心として、かなり充実したものでした。いきなり現物を持ち込むのもどうかと思って、ある程度のリストを作って持参したのですが、まず、窓口の担当者の対応が、きわめてクールでした。本館・分館を含め、すでに蔵書として入っているものは受け入れられない、とキッパリ言われてしまいました。

そこで、持参したリストを示し、何件かの文献について、その場で実際にチェックをお願いしました。すると、受け入れていただけそうな文献は、そう多くないということがわかってきました。私は、ほかの所に相談したい旨を伝えて、早々にそこを立ち去りました。こうした蔵書は、ひとまとまりになっていることに意義があると思ったからです。いや、それ以上に、担当者から、寄贈を歓迎しないという「オーラ」が、ハッキリと出ていたからです。

個人がその蔵書を寄贈しようとする場合、重要なのは、受け入れてもらえるシステムがあるかどうかではなく、「喜んで」受け入れてもらえるのかどうかということです。国会図書館に、個人の蔵書の寄贈を受け付けるシステムがあるかどうかは把握していませんが、たとえば、「春陽堂探偵小説の第二六集の寄贈を歓迎する」といった旨の公示がなされているならば、気分として、非常に寄贈しやすくなるように思います。ご検討願えればさいわいです。

2　公共図書館の閲覧サービスについての展望

第三章で紹介しましたが、関口存男《つぎお》著**『素人演劇の実際』**〔57〕（愛育社、一九四七年三月）は、「愛育社文化叢書」の6にあたります。この本は、国会図書館に架蔵されていませんが、「愛育社文化叢書」の7にあたる林芙美子著『婦人の為の日記と随筆』（愛育社、一九四六年一二月）は、国会図書館に架蔵されており、デジタルコレクションにも入っています。

ところが、この『婦人の為の日記と随筆』を、利用者が自宅で閲覧することはできません。書誌情報の画面にある「デジタル化資料」をクリックし、デジタルコレクションの画面を開きますと、次のメッセージがあらわれます。

　この資料は、著作権の保護期間中であるか、著作権の確認が済んでいない資料のためインターネット公開をしていません。閲覧を希望される場合は、国立国会図書館または図書館送信参加館へご来館ください。

デジタルコレクションには入っているのですが、その閲覧に制限がかかっているわけです。『婦人の為の日記と随筆』の著者・林芙美子（一九〇三〜一九五一）は、六十五年前の一九五一年（昭和二六）六月に亡くなっています。この本が、「著作権の保護期間中」であるはずはありません。となるとこれは、「著作権の確認が済んでいない資料」に該当することになりますが、この「著作権の確認が済んでいない」の意味が、どうも、わかりかねます。とにかく、林芙美子の同書は、まだインターネット公開がなされていません。

　インターネット公開されていないデジタルコレクションでも、国会図書館まで赴けば、もちろん、閲覧が可能です。また、わざわざ国会図書館まで行かなくても、近くの公共図書館、大学図書館などで、国会図書館デジタルコレクションを閲覧できる場合があります。国会図書館による「図書館向けデジタル化資料送信サービス」というものがあるからです。全国に六七九館ある（二〇一六年四月現在）「図書館送信参加館」に行けば、国会図書館デジタルコレクションの閲覧・コピーが（あるいは閲覧のみが）、可能になっているのです。

この「図書館向けデジタル化資料送信サービス」というのは、たいへん便利なしくみのようですが、私は、ここにいくつか問題点を見出します。前記『婦人の為の日記と随筆』を例にとって、それについて説明したいと思います。

林芙美子の『婦人の為の日記と随筆』が、自宅からは閲覧できないと知った利用者は、まず、デジタルコレクションの画面によって、同書の公開範囲が、「国会図書館／図書館送信参加館内公開」であることを確認します。次に、同じ画面から、「図書館送信参加館」の一覧を開き、最寄りの公共図書館や大学図書館を探します。そして最寄りの「参加館」に出向き、司書の方に、国会図書館のデジタル化資料を利用したいと告げ、所定の手続きを経た上で、いよいよ閲覧に入ります。

しかしその前に、おそらく利用者は、司書の方から次のように聞かれることでしょう。「お調べになりたい資料ですが、それが当館にあるかどうか確認されましたか」。そこで、利用者は、同館の検索システムによって、『婦人の為の日記と随筆』が架蔵されているかどうかを調べます。これが架蔵されていれば、利用者は、同書の「現物」を閲覧することができます。館外に帯出することもできるかもしれません。

利用者にとって大事なのは、最寄りに「図書館送信参加館」があるかどうかではなく、最寄りの公共図書館に、『婦人の為の日記と随筆』が架蔵されているかどうかです。

第一章で、亀井勝一郎の『日月明し』（生活社、一九四五）を例に挙げて述べましたが、ある本を公共図書館が架蔵している場合、その公共図書館を特定するのは、比較的、容易です。「国立国会図書館サーチ」の簡易検索の枠に、「婦人の為の日記と随筆　愛育社」と打ち込みます。すると、「国立国会図書館」を除いて、五つの公共図書館が表示されます（表示されるのは、国会図書館と連携している公共図書館のみです）。

利用者としては、まず、その五つの公共図書館の中に、最寄りの図書館があるかどうかを確認し、もしない場合には、最寄りの「図書館送信参加館」を探す、という段取りを踏んだほうがよいでしょう。

ここで、国会図書館に対して要望したいことは、以下の通りです。

一　『婦人の為の日記と随筆』に限らず、すでに著作権が満了しているはずなのに、デジタルコレクションでの閲覧に制限がかかっているというケースが、かなりあるようです。デジタル化は、すでに済んでいるわけですから、著作権が満了した資料については、逐次、インターネット公開していただきたいものです。

二　また、「著作権の確認が済んでいない」という場合には、その事情を、できれば各資料ごとに、説明していただきたいと思います。

三　国会図書館には、「図書館向けデジタル化資料送信サービス」というものがあります。これによって、全国の公共図書館や大学図書館で、国会図書館のデジタルコレクションが閲覧できるわけです。

一方で、国会図書館にはないけれども、公共図書館や大学図書館が持っているという本や資料もあるわけです。こういう場合には、公共図書館から国会図書館に向けて、「デジタル化資料送信サービス」をおこなったらいかがでしょうか。つまり、デジタル化資料の送信を双方向からおこなうという発想です。ただし、これには、公共図書館や大学図書館の協力が欠かせません。

こうしたネットワークを発展させてゆけば、いずれは、自宅から国会図書館にアクセスし、国会図書館を通して、全国のあらゆる公共図書館・大学図書館の蔵書が閲覧できるようになるでしょう。いわば、「デジタル化資料送信ネットワーク」です。今は夢のような話ですが、決して不可能とは思えません。ご検討をお願いします。

3　古書業界で仕事をされている方々へのメッセージ

まだ、「古書　上野文庫」の中川道弘さん（一九四〇〜二〇〇三）がお元気なころ、同古書店で、剣花道人編『残害事件　河内《かわち》十人斬《ぎり》』（駸々堂、一八九三）という本を入手しました。かなり値が張ったことを覚えています。

もし、この本が国会図書館に架蔵されていないのであれば、「100冊」のうちの一冊として解説してみようと思いました。調べてみますと、国会図書館に入っていました（請求記号「特9-748」）。

この本は、一八九三年（明治二六）六月一三日に初版が出て、同年七月一日に、早くも第七版が出ています。私が買い求めたのは、その第七版です。かなり売れた本であることがわかります。つまり、それほど珍しい本ではなかったのです。

また、この本は、国会図書館に入っています。今日では、デジタルライブラリーを通して、自宅でも閲覧でき、自宅でコピーを作ることができます。今となって見れば、大枚をはたいて購入するまでもない本だったのです。

これとは対照的に、二束三文で買った本が、意外に貴重な本だったということも少なくありません。ここが「古本あさり」のおもしろいところです。

第三章で紹介した南大曹述**『胃腸病の話』**〔7〕（新橋堂書店、一九二六）は、実は、二冊一〇〇円で買い求めた本です。ちなみに、二冊のうちのもう一冊は、衛生新報社編纂『物理的健康増進法』（新橋堂書店、一九一七）でした。前者は、「家庭医学叢書」の第二〇編、後者は、同叢書の第三七編です。ともに国会図書館には架蔵されていません。

研文書院出版部編**『興亜国語　新辞林』**〔41〕の古書価は、二〇〇円でした。一見すると、ただのペン字入り実用辞典ですが、「日支辞書兼用」であるところに稀少価値があり、巻末に「軍用会話」を含む「日華実用会話」が付いているところに史料的価値があります。誰からも注目されような本ですが、案の定、国会図書館には架蔵されていませんでした。

貴重な文献を、このように「廉価」で入手できたことは、個人的には喜ばしいことですが、本をめぐる現状という視点に立った場合には、これは憂うべき事態と言えるかもしれません。なぜなら、こうした文献が、古本屋さんから注目されることも、評価されることもないまま二束三文で売られているということは、二束三文でも捌けない場合、そのまま資源ゴミになってしまうことを意味しているからです。

僭越な言い方になりますが、古書業界の方々には、また、次のような状況があることも、知っておいていただきたいと存じます。

第三章で指摘しましたように、佐々木喜善《きぜん》**『東奥異聞』**〈14〉（坂本書店出版部、一九二六）は、国会図書館に架蔵されていません。したがって、デジタルコレクションで読むこともできません。この本は、平凡社の『世界教養全集 21』（一九六一）などに収録されていますが、原本の形で読みたいという読者も少なくないと思います。ところが、この本に関しては、原本を再現した復刻版が出ていません。

同じ著者の『老媼夜譚《ろうおうやたん》』（郷土研究社、一九二七）は、国会図書館に架蔵されており（請求記号556-157-(5)）、デジタルコレクションでこれを閲覧することができます。同書の書誌情報の画面にある

「デジタル化資料」をクリックしますと、デジタルコレクションの画面が開いて、閲覧できる状態になります。その画面には、「公開範囲　インターネット公開（保護期間満了）」とあります。著者・佐々木喜善（一八八六～一九三三）の死後、五〇年以上が経過したので、著作権の保護期間が満了し、インターネットで公開するという趣旨です。

さらに、同じ著者の『農民俚譚』（一誠社、一九三四）を見てみましょう。この本は国会図書館に架蔵されています。デジタルコレクションにも入っています。しかし、書誌情報の画面からデジタルコレクションの画面を開きますと、閲覧に制限がかかっていることがわかります。公開範囲は、「国会図書館／図書館送信参加館内公開」となっています。

この本に関しては、閲覧制限の理由は、たぶん、その巻末に、「追想　佐佐木喜善君の遺業と其晩年（本山桂川）」と題する後記が付されているからだと思います。後記の筆者である本山桂川（一八八八～一九七四）の著作権は、まだ保護期間中です。ということなら、本山桂川の後記を除いた本文だけでも、インターネット公開したらどうなのだ、と思われる読者もおられるでしょう。私もそう思います。しかし、国会図書館には、そういう「サービス精神」は期待できません。

いずれにしても、『農民俚譚』をデジタルコレクションで閲覧することは、『老媼夜譚』に比べれば、かなりメンドウなことになります。

ここで、これら三冊の本の「古書としての需要」を考えてみましょう。あくまでも、「閲覧の難易」という視点からのみ見た場合ですが、およそ、次のようなことになるでしょう。『東奥異聞』は、国会図書館になく、復刻本も出ていませんので、三冊の中では、最も古書としての需要が高いということになります。

『老媼夜譚』は、国会図書館にあり、閲覧やコピーも容易です。古書としての需要は、三冊の中では、最も低くなります。『農民俚譚』は、国会図書館にありますが、閲覧やコピーに制限がありますので、古書としての需要は、『東奥異聞』よりは低く、『農民俚譚』よりは高いということになります。

以上、述べましたことは、個人的な体験にもとづく狭い知見にすぎません。しかし、これらを踏まえて、古書業界で仕事をされている方々に対して、いくつか提言をさせていただきますので、お聞きください。

一　これからは、古書に値段を付けられる際に、「国会図書館にあるかないか」ということを、チェックする必要があるのではないでしょうか。本の「所有」を目的とせず、文献として利用したいだけというのであれば、国会図書館のデジタルコレクションで十分です。稀少価値があるからと言い、古い本だからと言い、あるいは文献としての高い評価を得てきたからと言って、高い古書価を付ける時代は、すでに終ったと思います。

二　国会図書館にない本は、当然、デジタルコレクションでも読めません。その後、全集やアンソロジーに入る場合もありますが、原本の持つ雰囲気は、なかなか再現できないものです。

国会図書館に架蔵されていたとしても、デジタルコレクションでの閲覧に制限がある本があります。こうした本は、その制限が解除されないうちは、古書としての需要があることになります。こうした本、特に「国会図書館にない本」は、古書価が高くなってもしかたがないでしょう。

ただし、国会図書館にない本というのは、これまで、ほとんど誰からも注目されず、その存在すら知られていないものがほとんどですから、古書業界の方々にとっては、値付けが難しい（値付けが不能な）ものも多いと思います。しかし、「国会図書館にない」ということも、ひとつの価値と考えますので、よろしく、お引き立てを願えればさいわいです。

三　これからは、「国会図書館にない」ということを、古書のセールストークにしていただくのもよろしいのではないかとおもいます。「国会図書館にない」本であれば、購入者は、高くても納得します。また、「国会図書館にない」本ということであれば、購入者は、それを、のちのちまで、大切に扱うことでしょう。古書業界の方々が、「国会図書館にあるかないか」を意識されれば、「国会図書館にない本」が失われてゆく確率は低くなるはずです。

四　「国会図書館にない本」は、駄本、くだらない本、どこにでもありそうな本に見えることがあります。粗末な外形をしていることも少なくありません。しかし、一度、「国会図書館にない本」として見直してみますと、突然、怪しい光を発しはじめます。古書業界で仕事をされている方々は、どんな本でも見下すことなく、「これは」と思った本については、念のため、その本が国会図書館に架蔵されているか否かをチェックしていただくとよろしいかと思います。もともと「目利き」の皆さんですから、チェックすべき対象を限定することは、難しいことではないでしょう。

二に関連して、出版業界で仕事をされている方々に申し上げます。「国会図書館にない本」は、古書価が高くなってもしかたがないと述べましたが、これは言ってみれば、国会図書館にない本は、復刻の価値があるということです。復刻は、全集やアンソロジーに入っている場合と異なり、原本の持つ雰囲気を、忠実に再現します。

佐々木喜善『東奥異聞』などは、復刻する価値のある本の一冊だと思います。佐々木喜善『農民俚譚』は、国会図書館にある本ですが、「後記」の執筆者である本山桂川の著作権が残っている間は、復刻する価値があると思われます。こうしたことを、ご検討いただければさいわいです。

4 読書家・蔵書家・古書愛好家の方々へのメッセージ

二〇一三年の一月、五反田の古書展で、スクラップブック数冊を入手しました。いずれも背表紙に「国語・国字」という文字があって、事実、「国語・国字」問題の記事が貼りこまれていました。マイナーな新聞、雑誌を含め、あらゆる新聞・雑誌からスクラップされているので、この問題に多大な関心を抱く、学者あるいはジャーナリストが作ったものと推測しました。

最初は、よい資料を入手したと思いましたが、しばらくして暗澹たる気持ちになりました。この資料を作った人は、かなりの勉強家であり、その蔵書も多かったことでしょう。しかし、その死後、何年か経って、遺族は、蔵書の処分に踏み切ったのです。スクラップブックまで処分されているところをみますと、すべての蔵書、日記、ノート等々が処分されたと見てよいでしょう。あるいは、故人の遺品を大切に保管していた遺族が亡くなる、といったことがあったのかもしれません。

いずれにしても、学者、研究者、ジャーナリスト、古書愛好家、読書人等を問わず、多少なりとも「蔵書」を持っている人物が亡くなれば、アルジを失った蔵書の運命というのは悲惨です。故人にとって何物にも替えがたい「宝」であった蔵書も、遺族にとっては、多くの場合、ただのゴミでしかありません。たまたま、遺族が、故人の蔵書に理解を持っていた場合でも、いつまでも、その蔵書を維持し続けるわけにはいかないでしょう。

「終活期」に入った読書家・古書愛好家・蔵書家である諸氏は、どういうことを心がけるべきなのでしょうか。これは、他人事ではないので、少し真剣に考えてみました。

これらは、基本的に、読書家・古書愛好家・蔵書家に対するメッセージですが、同時に、そのご家族の皆様に対するメッセージを兼ねようとしたところが、少しあります。

一　蔵書の処分先、受け入れ先を検討しておきましょう。気心の知れた古書店主がいる場合には、万一の場合の蔵書整理を依頼しておきます。特殊な蒐集分野を持っている場合には、その分野に強い古書店をチェックしておきます。いずれの場合も、家族には、それら古書店の連絡先を伝えておきます。

二　貴重な史料を含む、蔵書として統一性があるなど、蔵書としてのレベルがきわめて高い場合は、公共図書館、大学、研究機関等への寄贈を検討しましょう。私も、一度だけですが、ある郷土史家が架蔵されていた蔵書を、多摩地区にある小さな図書館に収めるお手伝いをしたことがあります。これを実現させるのは、それなりの段取りと時間を要しますが、最初におこなわなくてはならないのは、人脈の確保だと思います。

三　どうしても処分してほしくない本、家族がその価値に気づいていないであろう本などがある場合には、家族・友人・知人・研究者・古書店主などに、その存在を知らせておきましょう。その際、「この本は国会図書館にもない」ということを強調するのも、ひとつの手です。

四　生前に、みずからの蔵書を縦横に駆使して、自分の研究を完成させ、出版、専門誌掲載などの形で、世に問いましょう。いずれは散逸する「蔵書」への感謝の形としては、これが最高の形ではないか、と私は考えます。

五　専門的な研究などは、とても無理だという場合、せめて、ブログなどを使って、古書に関するエッセイなど発表されたらいかがでしょうか。古書にまつわる思い出、蔵書から得た珍しいネタの紹介、珍本発掘の報告など、書くことはいくらでもあるはずです。これもまた、「蔵書」への感謝の形のひとつと言えると思います。

終章　雑談の楽しさ、無駄の効用

いまさら言うのも、どうかと思いますが、「雑学」というのは、どうも居心地のよくない言葉です。単なる雑談のレベルの話題、ほとんど無駄としか言えないようなセンサクを、無理やり、「雑学」なる言葉で、「学問」に見せかけようとしているようなところがあります。

しかし、この雑談のレベルの話題を発見したり、無駄としか言えないようなセンサクをすることは、実に楽しいことなのです。その楽しさは、なかなか他人にはわかってもらえません。そこでこれらを、「雑学」などと称して、自他を瞞着しようとしているのかもしれません。

昨年（二〇一五）の一月、私は、お茶の水の古書店で、岩波新書旧赤版85『ナンセン伝』の第二刷（一九四六年三月一五日）を入手しました。驚いたことに、その巻末には、岩波新書の発刊の辞「岩波新書を刊行するに際して」（一九三八年一〇月）が付いていました。この発刊の辞には、「世界は白人の跳梁に委すべく神によつて造られたるものにあらざると共に」、「皇軍が今日武威を四海に輝かす」などの言葉が含まれています。まず、この発刊の辞が、戦後に復活したことに驚き、次に、GHQが、この発刊の辞を見逃したことに驚きました。

いったい、どうなっていたのかと考えているうちに、別の古書店で、『ナンセン伝』の初版を入手しました。一九四二年（昭和一七）一月三〇日発行です。これには、発刊の辞はありません。発刊の辞には、「頼みとする武人に高邁なる卓見と一糸乱れざる統制ありや」などの文言がありました。これが軍部批判と受け取られて、軍部からの圧力がかかり、岩波書店は、旧赤版74『暴風雨』（一九四〇年九月三〇日）以降、新書の巻末から、発刊の辞を削除していたのです。

さらに、たまたま某図書館で、発刊の辞のない岩波新書『ナンセン伝』の第二刷を手に取る幾会がありました。こちらは、同じ第二刷で発行日も同じですが、奥付が「貼り奥付」になっていました。発刊の辞のある二ページ分（奥付＋発刊の辞）を破り取り、その代わりに、表紙見返しに奥付を貼ったことは明白でした。

ここまでで、三種類の岩波新書『ナンセン伝』を確認したわけですが、そのあとさらに、一九五〇年（昭和二五）五月三〇日発行の、四種類目の岩波新書『ナンセン伝』を発見してしまいました。この版の特徴は、正誤表がついていることです。第何刷という表記はありません。

これら四種類の岩波新書『ナンセン伝』の存在は、雑談の話題には適しているかもしれませんが、それ以上のものではないとも思われる方が多いことでしょう。また、どうして、このように、四種類の岩波新書『ナンセン伝』があらわれたかというセンサクは、ほとんど無駄なことなことだ、そんなセンサクに何の意味もない、と思われる方も多いことでしょう。

しかし、こうしたことをセンサクしてゆくと、実にいろいろなことがわかってきます。というか、いろいろなことを勉強しなければ、この謎が解けないのです。

岩波新書発刊までの経緯、岩波新書「発刊の辞」成立までの経緯、当時の時代背景、岩波茂雄という出版人の人柄、敗戦後における岩波書店、晩年の岩波茂雄、占領下における検閲体制、等々。こういったことについて勉強しなければ、「謎」は解けません。

この勉強と謎解きが、実に楽しいわけです。雑談のレベル、無駄なセンサクが、少し、「学問的」になってきます。ここで、自他に対し、「雑学」という言葉を使ってみたくなってくるわけです。必ずしも、「雑学」という言葉で、自他を瞞着しようとしているわけではないのです。

雑談は楽しいし、無駄なセンサクも悪くありません。これを「雑学」と言い替えますと、さらに魅力的です。というわけで、本書では、「国会図書館にない本」を素材にしながら、雑談の楽しさ、無駄の効用、さらには、雑学の魅力をご紹介しました。語りたりなかったことも多く、逆に、言いすぎてしまった部分、出すぎてしまった部分も、ままあったかと思いますが、どうか、ご海容をお願い申し上げます。

国会図書館にない100冊の本（年代順）

＊年代のあとのマル数字は「月」を示します。

福沢諭吉**『かたわ娘』**〔1〕慶応義塾出版局、一八七二⑨……182

井上角五郎**『漢城廼残夢』**〔2〕春陽堂、一八九一⑩……183

ノ乀生《ヘツボツ》**『大疑獄　教科書事件』**〔3〕特報社、一九〇三①……184

中山丙子《へいし》**『日本売笑史』**〔4〕寸美会、一九〇六④〔クレス出版、二〇〇七〕……60

魚住嘉三郎編**『新案福引集』**〔5〕〔ハイカラ叢書〕魚住書店、一九〇七⑪……132

中島萬次郎**『プラグマチズム』**〔6〕〔アカギ叢書第二編〕赤城正蔵、一九一四⑧……134

南　大曹述**『胃腸病の話』**〔7〕〔家庭医学叢書第二〇編〕新橋堂、一九一六①……62

森本信次郎**『式辞演説資料　五分間演説集』**〔8〕日本青年通信社、一九一八⑤……172

山田輝彦**『大正いろは新辞典』**〔9〕玄誠堂書店、一九一九⑦……63

小南又一郎**『法医学ト犯罪研究』**〔10〕カニヤ書店出版部、一九二〇②……135

室松岩雄**『精選　祝詞創作便覧』**〔11〕高島易断所本部神宮館、一九二〇⑤……174

施　乾**『乞食社会の研究』**〔12〕愛愛寮、一九二五①……77

中山太郎**『土俗私考』**〔13〕坂本書店、一九二六③……186

佐々木喜善**『東奥異聞』**〔14〕坂本書店出版部、一九二六③……187

奈良正路**『検束・拘留・押収・捜策と如何に闘ふべきか』**〔15〕希望閣、一九二八⑤……188

生命保険会社協会・簡易保険局**『国民保健体操〔ラヂオ体操〕』**〔16〕生命保険会社協会・簡易保険局、一九二八⑪……119

本山桂川**『人獣秘譚』**〔17〕日本民俗研究会、一九三〇①……44

三兼大石**『受験模範作文集』**〔18〕芳文堂、一九三〇⑨……155

松川二郎**『合法的　汽車電車安乗り法』**〔19〕（誠文堂十銭文庫73）誠文堂、一九三〇⑪……65

富田義雄**『一ケ年必勝　文検修身科の指導』**〔20〕日本教育学会、一九三一⑦……175

三浦順太郎編**『陪審裁判　松島五人斬事件之弁論』**〔21〕三浦順太郎、一九三一⑨……46

中島義一**『こども宗教論　ヨルダンの流』**〔22〕文教書院、一九三一⑩……157

柳田國男（早川孝太郎編）**『女性と民間伝承』**〔23〕岡書院、一九三二⑫……189

『世界犯罪隠語大辞典』〔24〕大同書房、一九三三①……144

『五・一五事件の人々と獄中の手記』〔25〕新潮社、一九三三⑪……146

島津嘉孝**『模範口述問答要領　憲法行政法』**〔26〕新光閣、一九三三⑪……176

平田晋策**『小説　迫れる日露大戦記』**〔27〕新潮社、一九三四②……147

青木菱雄**『興味ある歴史年代暗記法（日本篇）』**〔28〕健文社、一九三五②……158

高木弥三郎**『最新速記術講義』**〔29〕京文堂書店、一九三五④……179

児童教育研究会**『児童図解百科辞典』**〔30〕明成館書店、一九三五⑫……160

渡辺霞亭**『大塩平八郎』**〔31〕教育図書出版社、一九三六④……161

美和庸三**『情痴の人肉事件』**〔32〕文海堂書店、一九三六⑥……66

松井翠次郎《すいじろう》編**『農村の生活調査』**〔33〕佐藤新興生活館、一九三七⑥……191

陸王内燃株式会社編**『側車附自動二輪車説明書』**〔34〕陸王内燃株式会社、一九三七⑦……121

保坂弘司**『国体の本義精講』**〔35〕欧文社出版部、一九三九②……163

廣瀬　豊**『吉田松陰先生の臨終』**〔36〕東京武蔵野書院、一九三九⑥……137

塚田正夫**『詰将棋五十番』**〔37〕〔博文館文庫〕博文館、一九三九⑦……67

キング編輯局編**『一問一答　新語新問題早わかり』**〔38〕大日本雄弁会講談社、一九四〇①……149

『幸福への扉　女性の衛生』〔39〕貴命堂本家、一九四〇③……122

『マッチパズル・テキスト』〔40〕上海公司、一九四〇年前後……138

研文書院出版部編**『興亜国語　新辞林』**〔41〕研文書院、一九四一③……93

常会研究会編**『常会必携』**〔42〕明倫堂書店、一九四一④……96

昭和礼法研究会編**『文部省制定　昭和の礼法』**〔43〕興亜日本社、一九四一⑥……97

門馬孝吉**『作業ヒント百種』**〔44〕奨工新聞社、一九四二⑧……99

石黒敬七**『柔道　其の本質と方法』**〔45〕旺文社、一九四二⑫……180

藤原草郎編**『日本青少年歌曲集』**〔46〕東邦音楽書房、一九四三（?）……101

毎日新聞社編**『戦時経済手帳』**〔47〕毎日新聞社、一九四三⑨……103

岡本勝治**『少国民と工作機械』**〔48〕中央工学会、一九四三⑫……104

西澤　巌**『農村共同炊事と育児と栄養』**〔49〕昭和刊行会、一九四四②……106

図司安正**『雪国農村の記』**〔50〕人文閣、一九四四⑥……107

海軍航空本部編**『基礎学教本　発動機』**〔51〕海軍航空本部、一九四五③（?）……124

塚本勝義**『神州之正気攷』**〔52〕誠文堂新光社、一九四五⑨……110

田中英光**『桜田門外』**〔53〕生活社、一九四五⑨……112

白井新平**『天皇制を裁く』**〔54〕啓衆社、一九四六①……113

柳田國男**『笑の本願』**〔55〕養徳社、一九四六①……114
吉田長蔵《ちょうぞう》**『南朝の正皇系　熊澤天皇の真相』**〔56〕南山社、一九四七③……115
関口存男**『素人演劇の実際』**〔57〕愛育社、一九四七③……69
中村　勇**『猟奇犯罪捕物実話　血ぬられた乳房』**〔58〕創文社、一九四七④……116
新国語研究会編**『簡明　国語小辞典』**〔59〕教学研究社、一九四七⑦……139
山口弥一郎**『東北の食習』**〔60〕河北新報社、一九四七⑧……79
マツサカ　タダノリ作**『ウタデ　オボエル　現代かなづかい』**〔61〕カナモジカイ、一九四八②……141
法務庁研修所編**『捜査十談義』**〔62〕〔研修叢書第一号〕法務庁研修所、一九四八（?）……125
岡田　甫（司会）**『新小岩娼街に於て売笑生活体験を訊く』**〔63〕日本生活心理学会研究所、一九四八④（?）……70
佐藤紅霞**『完全なる日本人夫婦の結婚生活』**〔64〕日本コバルト文化協会、一九四八⑤……72
馬屋原成男**『鉄道犯罪の解説』**〔65〕盛文社、一九四八⑥……128
林　泉編**『容疑者平沢貞道の自白は覆へるか』**〔66〕創人社、一九四八⑪……117
東京教育会編**『少国民年鑑　1949』**〔67〕東雲堂、一九四九①……164
三堀三郎**『医薬の知識』**〔68〕国民工業学院、一九四九③……73
文部省編**『日本の歴史』**〔69〕中等学校教科書株式会社、一九四九⑨……166
ロマンス編集局編**『最新流行歌謡大全集』**〔70〕ロマンス社、一九四九⑫……150
諏訪史談会編**『御柱の話』**〔71〕蓼科書房、一九五〇③……80
都丸十九一**『中学生の調べた村の年中行事』**〔72〕創元書房、一九五〇⑦……47
カバヤ児童文化研究所編**『ピノキオの冒険』**〔73〕カバヤ児童文化研究所、一九五二⑧……168
演劇界編集部編**『歌舞伎もの知り事典』**〔74〕演劇出版社、一九五三①……152

熱海市役所編**『熱海』**〔75〕熱海市役所、一九五三⑤……81
平島侃一ほか編**『浅田一記念』**〔76〕浅田美知子、一九五三⑦……48
月光幸三**『少年講談　塚原卜伝』**〔77〕らくだ社、一九五四①……169
谷村高等学校社会部編**『郡内百姓一揆』**〔78〕谷村高等学校社会部、一九五六④……49
菓子商業新報編**『東京都　菓子小売店名鑑』**〔79〕菓子新報社、一九五六⑫……129
警視庁刑事部総務課刑事資料係編**『刑事資料特集　重要事件検挙事例』**〔80〕警視庁刑事部、一九五九③……130
目良歌比古**『壱岐島艶笑民譚』**〔81〕平田のぼる、一九六一⑪……83
塩谷太郎（ジュール・ベルヌ原作）**『海底二万里』**〔82〕〔中一文庫2〕旺文社、一九六五⑤……154
尼崎市立園田中学校社会研究部編**『園田の歴史』**〔83〕尼崎市立園田中学校社会研究部、一九六六⑪……50
柳屋本店編**『にっぽん「丸坊主」白書』**〔84〕柳屋本店、一九六七③……51
目黒宏次＋目黒澄子**『気質と血液型』**〔85〕現代心理研究会、一九七〇⑦……52
彭永海**『台湾平地山地のならわしとでんせつ』**〔86〕彭永海、一九七一⑥……84
鈴木芳正**『O型人間』**〔87〕産心社、一九七三③……74
山谷《やまや》一郎**『網走刑務所　四方山話』**〔88〕網走ニユ《ママ》ース社、一九七三⑥……142
エドガー・ウォーレスほか（氷川瓏訳）**『キング・コング』**〔89〕グロービジョン出版株式会社、一九七六⑧……75
竹内武雄**『郷土の七十年』**〔90〕啓明出版株式会社、一九七九⑫……53
菊田求（菊田義孝編）**『菊田求詩集　僕』**〔91〕菊田義孝、一九八〇⑦……55
秋間健郎**『恩方　すこし昔の話』**〔92〕かたくら書店、一九八二⑫……85
松田弘洲**『ツガル語の謎』**〔93〕〔津軽共和国文庫1〕あすなろ舎、一九八五⑥……86
雑賀郷土史編纂実行委員会編**『雑賀の今昔』**〔94〕雑賀郷土史編纂実行委員会、一九九一⑧……89

ジョセフ・J・フッチニ＋スージー・フッチニ**『ワーキング・フォー・ザ・ジャパニーズ』**〔95〕イースト・プレス、一九九一⑫……193

名雲純一編**『明治時代　教育書とその周辺』**〔96〕名雲書店、一九九三①……90

桜井祥行《よしゆき》編**『熱海碑文集（近現代編）』**〔97〕桜井祥行、一九九六⑩……91

關内孝雄編**『八切止夫著作目録』**〔98〕takao、一九九七⑫……56

末永昭二**『城戸　禮』**〔99〕里艸、一九九八⑥……57

吉田大蔵**『遥かなり高校紛争』**〔100〕吉田大蔵、一九九八⑪……59

著者略歴

礫川全次（こいしかわ・ぜんじ）

1949年生まれ。在野史家。歴史民俗学研究会代表。著書に、『史疑　幻の家康論』、『大津事件と明治天皇』、『サンカ学入門』、『攘夷と憂国』、PP選書『日本保守思想のアポリア』、『独学の冒険』（批評社）、『サンカと三角寛』、『知られざる福沢諭吉』、『アウトローの近代史』、『日本人はいつから働きすぎになったのか』（平凡社新書）、『サンカと説教強盗』、『異端の民俗学』（河出書房新社）。共著に、『攘夷と皇国』、『宗教弾圧と国家の変容』（批評社）。編著書に、歴史民俗学資料叢書（第1期、第2期、第3期・各全5巻）、『在野学の冒険』（批評社）ほか。

雑学の冒険

——国会図書館にない100冊の本

2016年6月10日　初版第1刷発行

著　者……礫川全次

装　幀……臼井新太郎

発行所……批評社

〒113-0033　東京都文京区本郷1-28-36　鳳明ビル102A

電話……03-3813-6344　　fax.……03-3813-8990

郵便振替……00180-2-84363

Eメール……book@hihyosya.co.jp

ホームページ……http://hihyosya.co.jp

組　版……字打屋

印刷所……モリモト印刷㈱

製本所……㈱越後堂製本

乱丁本・落丁本は小社宛お送り下さい。送料小社負担にて、至急お取り替えいたします。

ISBN978-4-8265-0644-1 C0030